DIE REIHE
Archivbilder

HAMBURG-TONNDORF

D1665535

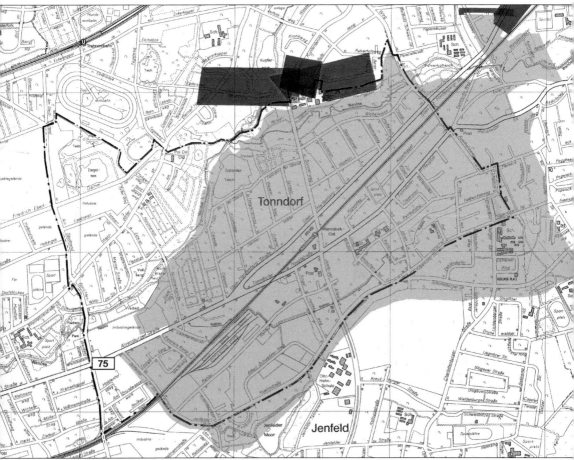

Die Grenzen Tonndorfs haben sich im Laufe der Geschichte mehrfach geändert. Aus dem dörflichen Ort wurde die Gemeinde Tonndorf-Lohe und später der Stadtteil Hamburg-Tonndorf. Im Jahr 1705 verlor Tonndorf im Westen seiner Dorfgemarkung Ländereien, die dem Wandsbeker Gutshof zugeteilt wurden. Nach der Teilung des Wandsbeker Gutes 1807 war Tonndorf eine selbstständige Gemeinde. 1927 gab Tonndorf – bei der Eingemeindung nach Wandsbek – seinen Ortsteil Lohe ab, der zu Rahlstedt kam. 1949 erhielt Tonndorf seine Westgebiete von Wandsbek zurück und bekam darüber hinaus einen Teil von Hinschenfelde zugeschlagen. Ländereien in Hohenhorst wurden an Jenfeld abgegeben.

Auf der Karte ist der heutige Stadtteil Tonndorf mit einer Linie umrandet. Die grau getönte Fläche markiert das Gebiet der früheren Gemeinde Tonndorf-Lohe. (Quelle: Stadtkarte von Hamburg, 1986, Vermessungsamt Hamburg)

2

DIE REIHE
Archivbilder

HAMBURG-TONNDORF

Helmuth Fricke

SUTTON
VERLAG

Sutton Verlag GmbH

Hochheimer Straße 59

99094 Erfurt

http://www.suttonverlag.de

Copyright © Sutton Verlag, 2007

ISBN: 978-3-86680-204-9

Druck: Oaklands Book Services Ltd., Chalford | GL, England

Umschlagbild: Bau der Nordmarkstraße 1924 als Verbindung zwischen der Ahrensburger Straße und der Walddörferstraße, die im Hintergrund von links nach rechts verläuft. In der Bildmitte links ist der Nordmarkteich, allgemein Karpfenteich genannt, zu sehen.

Von den unterschiedlichen Grenzziehungen sind einige Grenzsteine erhalten geblieben. Eine interessante Grenzsteinreihe markiert Tonndorfs Grenze gegen Farmsen bzw. das Gut Wandsbek: Am Friedrich-Ebert-Damm gegenüber der Straße Am Hohen Hause befindet sich der denkmalgeschützte Stein C 1796 (links). Stein D 1796 steht Am Hohen Hause, die Steine E 1857 und F 1857 (Mitte) am Kleingartenweg Jungfernstieg. Am Wäldchen südlich des Kupferdamms folgen die Steine 3 und 2 1831. Und schließlich findet sich gegenüber der Schule am Sonnenweg Stein 1 1831 (rechts). Der Grenzverlauf zwischen Tonndorf-Lohe und Rahlstedt ist dagegen bis heute nicht genau dokumentiert.

Aufgrund der vielen Grenzveränderungen mussten die Straßennamen mehrmals geändert werden. Zum besseren Verständnis sind in den Texten die heutigen Namen verwendet und, wenn notwendig, um den früheren Namen ergänzt worden. Auch die Gebäude erhielten teilweise neue Hausnummern. Wichtige Umbenennungen sind:

Tonndorfer Hauptstraße	1843 Provinzialchaussee, 1919 Hamburger Straße, 1937 Hauptstraße
Tonndorfer Weg	1919 Ahrensburger Straße, 1937 Tonndorfer Straße
Loher Straße	1919 Mühlenstraße
Rahlstedter Straße	1919 Lübecker Straße, 1928 Wandsbeker Straße
Rahlau	1919 Alte Dorfstraße

Inhaltsverzeichnis

Der Verkehrsstau am Tonndorfer Sonnenweg war ein jahrzehntelanges Ärgernis des Nord-Süd-Verkehrs im Osten Hamburgs. Mitten zwischen den Straßenkreuzungen Sonnenweg / Stein-Hardenbergstraße und Sonnenweg / Tonndorfer Hauptstraße behinderten die häufig geschlossenen Schranken das Weiterkommen des Individual- und Busverkehrs. Das Foto gibt den Blick in die Stein-Hardenbergstraße nach Süden wieder. Rechts liegt die Kirche der evangelischen Gemeinde Tonndorf, im Hintergrund links ist der Kirchturm der katholischen Gemeinde St. Agnes zu sehen.

Quellen- und Literaturverzeichnis

Die Erinnerungen von Bewohnern, die ihr Leben in Tonndorf verbracht haben, sind sowohl durch die Aufzeichnungen und Fotos, die sie hinterlassen haben, als auch durch persönliche Gespräche für die Geschichte einer Kommune von großer Bedeutung. Der Autor dankt Horst Benzin 106u; Gerda Claußen 51u, 72u; Freiwillige Feuerwehr 37; Margot Fiedler 75u li. und re.; Gustav Freytag 63o; Dora Gatermann 61u; Edith Hack 14o/re, 58o, 95o, 112o; Hamburger Hochbahn 27; Kirchengemeinde Tonndorf 17, 32o, 39, 53o, 59u, 62u, 82, 87, 95u, 98u, 106o, 108u, 118, 125u; Margot Kruczynski 46o; Gisela Küderling 103o; Ursula Kupke 45o; Manfred Mühle 63u; Peter Nagel 49o; Herbert Niemeier (†) 10; Hanna und Ilse Püst 73, 74, 76, 77, 78, 81u, 88u, 89, 90, 91, 92o, 101o, 117o/re; Brigitte Roggenbuck 62o; Reiner Rump 41o; Manfred Schmuck 28, 29o, 80, 81o; Paul Schütt 36; Horst Schuldt 72o; Lena Schulze 56u, 75o; Anni Steinmann 52, 79, 100; Gerda Stuhr 46u; Karl Wäger 18, 66, 67; Gerd Wolff 23 sowie dem durch ehrenamtliche Mitglieder betreuten Heimatmuseum/Archiv Wandsbek und Heimatarchiv Bürgerverein Rahlstedt 16o, 19o, 64o für ihre aufschlussreichen Auskünfte und die Überlassung von historischen Dokumenten. Die ehemaligen Rektoren Walter Frahm, Wilhelm Grabke und Georg-Wilhelm Röpke sowie Pastor D. Dr. Wilhelm Jensen haben in der Vorgeschichte und in der Entwicklung der Ortschaften, in denen sie beruflich tätig waren, viel geforscht und ihre Ergebnisse in schriftlichen Niederlegungen den nachfolgenden Generationen vermacht.

GRABKE, WILHELM: *Aus Tonndorfs Geschichte*, Der Wandsbeker 9/1955.

HASPA-HANDBUCH: *Hamburg von A–Z*, 2002.

RUMP, REINER: *Mühlen in Stormarn*, 1992.

HEIMATRING TONNDORF: *650 Jahre Tonndorf*, Festschrift 1964.

VEREIN FÜR TONNDORF: *675 Jahre Tonndorf*, Festschrift 1989, Chronologische Darstellung der Ortsgeschichte von Georg-Wilhelm Röpke und eine Beschreibung der örtlichen Wandsemühlen.

JANY, HILDEGARD: *Tonndorf in den 1920er Jahren*, Wochenblatt, 1.11.1982.

PÜST, EMMA: *Als man die Häuser noch zählen konnte*, Wochenblatt 1.6.1983.

RÖPKE, GEORG-WILHELM: *Einst Bauerndorf – heute Stadtteil*, Wandsbek informativ 3/1987.

DAHNE, MANFRED: *Tonndorf*, in: Dörfer am Großstadtrand, 1958.

In einer unbebauten Landschaft liegt der Bauernhof Hinsch, heute ein Teil des Studio Hamburg Geländes.

Tonndorf – Einst ein Bauernort

In der Schauenburger Siedlungsphase des 12. Jahrhunderts erfuhr Tonndorf seine Gründung. Mit mindestens zwölf Hufen gehörte es zu den großen Dörfern Stormarns. Die erste urkundliche Erwähnung als „Todendorpe" erfolgte am 13. Dezember 1314. In den Chroniken sind für Tonndorf verschiedene Namen aufgezeichnet, neben Todendorpe finden sich Thodendorp, Todendorf (vermutlich von dem altgermanischen Eigennamen Todo), Tonnendorf, Totendorf, aber auch Todendörpe und Toddendörp. Das erstmals 1619 erwähnte Lohe kann mit Gemeindewald übertragen werden: Lohe entspricht dem Wort Looge, was Wald- oder Niederungsgebiet bedeutet.

Im Jahr 1646 wurde Tonndorf, zusammen mit Hinschenfelde, Teil des adeligen Gutes Wandsbek. Als Gutsherr Ahlefeld im Jahr 1705 einen zweiten Wirtschaftshof, den Meierhof Mühlenbeck, zwischen Wandse und Ahrensburgerstraße anlegte, wurden im Westen Tonndorfs Ländereien abgetrennt und dadurch die Dorfgemarkung verkleinert.

Die vorgeschichtlichen Fundstellen in Tonndorf sind für die gesamte Region bedeutungsvoll. Bei den Grabungen der Pastoren Christian Detlev und Andreas Albert Rhode (1719) am

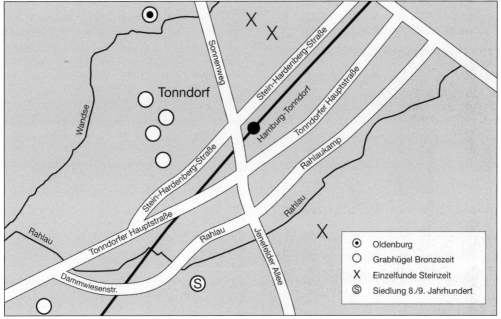

Diese Lageskizze dokumentiert den ersten Siedlungsplatz, den Standort der Oldenburg, Ausgrabungsplätze und den Verlauf der Straßen. Die erste Straßenverbindung zwischen Hamburg und Lübeck war die südliche Trasse (Dammwiesenstraße / Rahlau), die heute an zwei Stellen unterbrochen ist – am Schnittpunkt mit der Bahn und im Bereich Jenfelder Allee, wo die Straße vom Studio Hamburg überbaut wurde.

Im Tongrubenweg wurden 1935 in einer Steinkiste zwei Urnen mit verbrannten Knochen von zwei erwachsenen Personen gefunden. Archäologen datierten die Gräber in die ausgehende Bronzezeit auf 1000 v. Chr.

Tongrubenweg und an der Ahrensburger Straße (Thingsberg) sowie von Dr. Ernst Rautenberg (1883–1886) legte man Hügelgräber aus der Bronzezeit (1800–800 v. Chr.) frei. Aufzeichnungen über Ausgrabungen von 1935 vermerken Siedlungsspuren aus der Zeit zwischen dem 8. und 9. Jahrhundert südlich des Betriebsplatzes am Rahlaubach. Das damalige sächsische Dorf wurde vermutlich bei Kämpfen zwischen Germanen und Slawen zerstört.

Weitere Forschungen ergaben, dass westlich vom Sonnenweg eine Oldenburg zum Schutz älterer Anwohner bestanden hat. Das Areal war von drei Seiten durch moorige Wiesen und zwei vermutlich aufgestaute Flussläufe (Berner Au und Wandse) sowie durch Wälle geschützt.

Tonndorf hatte weder einen Gutshof noch ein Herrenhaus wie das benachbarte Wandsbek und bekam somit auch keine Herrschaftsbesuche. Es siedelte sich keine Industrie an. Hier lebten und arbeiteten nur Bauern und Kätner.

Tonndorfs Bedeutung beruhte damals wie heute auf seiner Lage an der Verbindungsstraße zwischen den Hansestädten Hamburg und Lübeck, der heutigen B75. Alle drei im Laufe der Jahrhunderte nacheinander benutzten Verkehrstrassen – Alte Dorfstraße, Tonndorfer Hauptstraße, Stein-Hardenberg-Straße – wie auch die Bahngleise liegen zwischen den beiden Flussläufen Wandse und Rahlau und verlaufen von West nach Ost.

Die 1856 entstandene Bahnverbindung zwischen den Hansestädten zerschnitt den Ort in zwei Teile bzw. trennte die Höfe von den Feldern. Die fünf beschrankten Bahnübergänge bildeten ein Hindernis. Seit 1913 verlangten Bewohner und Institutionen immer wieder nach Maßnahmen zur Aufhebung der Schranken im Sonnenweg und an der Tonndorfer Hauptstraße.

Darüber hinaus ist das Leben in Tonndorf stark durch die Siedlungsstruktur geprägt. Der Ort besaß nie ein Zentrum. Einfamilienhäuser bestimmen das Erscheinungsbild. Nach dem Zweiten Weltkrieg sind Tonndorf einerseits Großsiedlungen wie in Jenfeld, Großlohe und Farmsen erspart geblieben, andererseits führten auch die vielen Baumaßnahmen bis in die heutige Zeit zu keiner Zentrumsbildung. Mit Großbauten wie dem Neubau des Mittelbahnsteig-Bahnhofs im September 2005, den Untertunnelungen der Eisenbahngleise am Sonnenweg im April 2006 und in der Tonndorfer Hauptstraße im Mai 2007 sowie des Einkaufszentrums Tondo im Februar 2006, das die verstümmelte Abwandlung des Ortsnamens trägt, gelang es den Stadtplanern nicht, einen Ortskern für Tonndorf zu entwickeln.

Der Dorfcharakter des ursprünglichen Tonndorfs blieb bis etwa 1958 unverändert erhalten. Danach entstanden zwei- und dreistöckige Häuser, wobei an der Wandse-Seite Wohnhäuser und Kleingärten, im Süden dagegen Gewerbeansiedlungen dominieren. Das größte Areal umfasst den Gebäudekomplex des deutschlandweit bekannten Medienbetriebes Studio Hamburg in unmittelbarer Bahnhofsnähe.

Von den ehemaligen Bauernhöfen Tonndorfs gibt es keinen mehr. Die Höfe lagen nicht geschlossen, sondern in der Feldmark verteilt und zwar vier südlich und zwei nördlich an der Straße Rahlau. Der letzte bauliche Zeuge des alten Dorfbildes war das Bauernhaus der Familie Hinsch, das 1958 als Kohlenlager benutzt wurde und inzwischen im Gelände des Studio Hamburg aufgegangen ist. 1797 vermaß Johann Pezold die Dorfflur und es kam zur Verkoppelung der Feldmark, die 1869 durch den Feldmesser von Bargen eine Erneuerung erfuhr. Damit wurde der bis dahin gemeinsam bewirtschaftete Besitz von Weide-, Acker-, Wasser- sowie Waldflächen aufgeteilt und die Bauern wurden Eigentümer ihrer Ländereien. Ab 1797 waren folgende Bauern und ihre Nachfolger verzeichnet:

Hufner • Bauernvogt David Ahlers, Martin Niemeier, Johann Niemeier (ein Bruder), 1903 Textilmillionär Ernst Meyer (Millionen-Meyer). Er pflanzte auf großen Flächen zwischen der Tonndorfer Hauptstraße und dem Jenfelder Moor Tannen. Das letzte Hof-Gebäude ist als „Schinkenkrug" bekannt geworden. Die Stadt übernahm Meyers Villa und parkartigen Garten und siedelte dort 1958 an der Straße Rahlau den Wandsbeker Betriebshof und die Verwaltung der Stadtreinigung an.

• Claus Ahlers, 1860 Christoph Helbing, Johann Homann, 1903 Heinrich Krochmann. Er löste seinen Hof Anfang der 1950er-Jahre auf und verkaufte etwa 30 Hektar seiner Ländereien als Siedlungsland. Eine Scheune des Hofes wurde 1952 zum Kino „Filmtruhe", andere Gebäude als Baustoff- bzw. als Autohandlung und Tankstelle umgenutzt. Auf dem südlichen Grundstück steht seit 1969 der Neubau der Schule für den die Villa Krochmann abgerissen wurde.

• Peter Soltau, 1869 David Hinsch, dann August Hinsch, der 1911 Gemeindevorsteher war und im selben Jahr seinen Besitz zur Parzellierung verkaufte. Seine Villa wurde 1934 an den Staat verkauft und als Offizierskasino genutzt. Später wurde sie zur Keimzelle des Studio Hamburg. Hinschs Hauskoppel nutzte Johann Niemeier, dessen Sohn Otto Niemeier betrieb auf dem Hof einen Kohlenhandel. Studio Hamburg hat auch dieses Grundstück inzwischen bebaut.

• Hein Behrmann, 1869 Hans Bohlen, 1895 Johann Dabelstein. Das Grundstück an der Ecke Jenfelder Allee gehört heute zu Studio Hamburg.

Kätner • Christian Röper und Peter Soltau. Ab 1869 noch Hinrich Hermann Singelmann und Claus Ahlers u. a.

• Bauer Höppner, der seine Ländereien in Hohenhorst hatte, gab diese zum Bau der Großsiedlung 1959 ab. Erwähnenswert ist, dass die Bauern ihre Hofstellen von der alten Dorfstraße längs der Rahlau (Lübsche Landstraße) seit 1823 an die neue Straße (Tonndorfer Hauptstraße) verlagerten, die 1843 zur Chaussee ausgebaut wurde.

Auf dem Areal zwischen dem Sonnenweg und der Straße Ostende – heute ein Gebiet mit Einzelhausbebauung – unterhielt die Wandsbeker Garnison einst einen Exerzierplatz und einen

Diese bronzene Gewandnadel, eine sogenannte Fibel, fand man in der Jenfelder Straße.

Die Aufnahme zeigt den Hof Niemeier im Jahr 1939. Heute ist das Grundstück ein Teil des Geländes des Medienkonzerns Studio Hamburg.

Schießstand. Um 1880 nutzte man das Gelände als Pferderennbahn. Die Tiere wurden in dem nahe gelegenen „Schinkenkrug" untergestellt.

Die Geschichte Tonndorfs war frühzeitig mit der Wandsbeks verbunden. 1646 kaufte Wandsbeks Gutsherr Albert B. Behrens das Dorf zusammen mit Hinschenfelde. Wichtiger Kaufgrund waren die vier Mühlen, die der heute Wandse genannte Bach antrieb. Nach dem Verkauf des Ortes Wandsbek 1807 an den König war Tonndorf eine Gemeinde, deren Bauernvogt Weisungen durch königliche Inspektoren erhielt. Tonndorfs Bindung an Wandsbek endete, als Schleswig-Holstein 1866 eine preußische Provinz wurde. Das Dorf war von nun an selbstständige Gemeinde. Mit der Gründung des Kreises Stormarn 1867 fasste man Tonndorf und Lohe zu einer Gemeinde zusammen, die wiederum 1927 durch den Anschluss Tonndorfs als Stadtteil an Wandsbek ihr Ende fand. Der Loher Teil der Gemeinde wurde Rahlstedt angegliedert.

Durch das Groß-Hamburg-Gesetz von 1937 wurden Tonndorf wie auch Rahlstedt nach Hamburg eingemeindet. Als Stadtteil der Hansestadt veränderten sich 1949 Tonndorfs Grenzen erneut. Es erhielt sein ehemaliges Westgebiet zwischen Nordmarkstraße und Ölmühlenweg zurück. Auch kam ein Teil von Hinschenfelde (östlich von der Straße Am Stadtrand) zu Tonndorf. Die Hohenhorster Flächen fielen an Jenfeld und Rahlstedt.

Der Wandel des Ortes setzte sich in der Neuzeit fort. Tonndorf war seit den 1950er-Jahren kein abseits gelegenes Bauerndorf mehr, sondern hatte städtischen Charakter angenommen. Felder, die erst als Schrebergärten genutzt wurden, sind inzwischen bebaut. Die Bauernhäuser, teils zu Gartenbaubetrieben umgewandelt, die Blumen, Gemüse und andere Gewächse nach Hamburg lieferten, sind von anderen Betrieben abgelöst worden, wie beispielsweise Kino, Film-Studio und Tankstellen. Die alte Dorfschmiede bestand noch bis nach dem Zweiten Weltkrieg in der Tonndorfer Hauptstraße. Abgesehen von den Gewerbegebieten am Siedlungsrand, ist Tonndorf ein Wohnstadtteil mit durchweg einheitlicher Bebauung: Es gibt einige Etagenhäuser mit mehreren Stockwerken, aber Einfamilienhäuser dominieren.

Heute ist Tonndorf bei den Hamburgern bekannt durch das Freibad Ostende, das Studio Hamburg und den Recyclinghof auf dem Betriebsplatz an der Rahlau. Die verkehrstechnischen Probleme an den meist geschlossenen Bahnschranken dürften im Jahr 2007 mit der Freigabe der Untertunnelung der Bahngleise in der Tonndorfer Hauptstraße endgültig der Vergangenheit angehören.

1

An Straßen und Schienen

Tonndorfs Schicksal sind seit alters her die Verkehrsadern zwischen den Hansestädten. Die bei der Verkoppelung 1797 teilweise neu angelegten Wege sind Grundlage für das heutige Straßensystem. Die Straßenverbindung von Hamburg nach Lübeck beeinflusste das Leben durch Kontakte mit den durchreisenden Kaufleuten. Das Hauptwegenetz ist von Ost nach West ausgerichtet, nach Norden und Süden sind die Trassen weniger strukturiert. Dazu gehört auch der im Süden gelegene Straßenzug Kuehn- / Köpenicker Straße, der ein wichtiger Zubringer für Gewerbebetriebe und die Großsiedlung Hohenhorst ist.

Die heute stark befahrenen Nord-Süd-Achsen Ölmühlenweg / Holstenhofweg und Sonnenweg / Jenfelder Allee haben erst durch den Ausbau (Ölmühlenweg 2004) bzw. die Fertigstellung der Unterführung der Bahnlinie (Sonnenweg 2006) Bedeutung erlangt. Geplant war der Straßenausbau über die Jenfelder Allee (Schiffbeker Weg) nach Süden bereits seit 1930.

Seit dem Bau der Eisenbahnverbindung von Hamburg nach Lübeck im Jahre 1865, die die Tonndorfer Flur durchschneidet, ist die Siedlung noch deutlicher geteilt und der Ortsverkehr stark behindert. Die oft geschlossenen Bahnschranken waren ein ständiges Ärgernis. Schon seit 1913 wurden Pläne entwickelt, diese Hindernisse zu beseitigen.

Die erste Straße zwischen Hamburg und Lübeck, die durch Tonndorf führte, verlief von der Dammwiesenstraße an der Rahlau entlang auf der heutigen Trasse Rahlau / Rahlaukamp in Richtung Rahlstedt. Diese Lübsche Landstraße, später Alte Dorfstraße genannt, war im Bereich Dammwiesenstraße sehr schlecht befestigt. Am Dorfeingang lag eine besonders sumpfige Stelle mit tückischen Wasserlöchern, deswegen hieß die Gastwirtschaft dort „Bi Ahlers am Schlump". Dieses alte Foto, das von Pastor D. Dr. Wilhelm Jensen aufgenommen wurde, ist nur als Zeitungsdruck von 1935 erhalten.

Die Provinzialchaussee, die zweite Straße durch die Tonndorfer Feldmark, wurde 1823 angelegt und 1843 als sogenannte Kunststraße ausgebaut. Sie führte am Ort vorbei. In den Jahren zwischen 1823 bis 1879 verlagerten die Bauern ihre Höfe an die neue Wegeverbindung. Es handelt sich um die heutige Tonndorfer Hauptstraße, die zwischenzeitlich Hauptstraße und Hamburger Straße hieß. Die Aufnahme entstand um 1900 auf der Höhe Singelsmannsweg mit Blick nach Osten.

Ein Teil der Provinzialchaussee ist zwischen Rahlstedt und Siek erhalten geblieben. Schleswig-Holstein hat seinen Abschnitt unter Denkmalschutz gestellt. Das Straßenstück vermittelt einen Eindruck davon, wie damals gebaut wurde und was man unter einer Kunststraße verstand.

Die Aufnahme von etwa 1890 zeigt den Singelmannsweg, der in der frühen Zeit des Dorfes eine der wenigen Verbindungsstraßen von der Alten Dorfstraße zu den Feldern an der Wandse im Norden war. Seit 1823 verband der Weg den Ort auch mit der neuen Provinzialchaussee (heute Tonndorfer Hauptstraße).

Die Tonndorfer Hauptstraße kurz hinter den Schranken im Jahr 1930. Hinten links ist die Gaststätte „Schinkenkrug" und vorn „Singelmanns Gasthof" zu sehen. Der Bus kommt aus Richtung Wandsbek. Zwischen den Gasthäusern mündet von Süden kommend der Singelmannsweg.

Von den 1843 als Wegemarken zwischen Hamburg und Lübeck aufgestellten Meilensteinen steht einer heute noch in der Ahrensburger Straße, gegenüber Reisnerskamp. Die Aufnahme entstand um 1930.

1934 wurde die Wasserleitung vom Großensee nach Wandsbek durch die Tonndorfer Firma Hack gereinigt, wie hier vor den Schranken in der Tonndorfer Hauptstraße.

Im beschaulichen Lohe trafen schon früh mehrere Straßen aufeinander: Die Provinzialchaussee (einst Ahrensburger Straße, jetzt Tonndorfer Weg / Bargteheider Straße) und die Rahlstedter Straße setzten sich in der Lübschen Landstraße fort. Zwischen beiden verlief die Mühlen(Loher)straße und als Nord-Süd-Trasse führte die 1899 gebaute Straße Am Pulverhof nach Farmsen. Die Postkarte von 1910 zeigt die Gabelung Chaussee (links) und Mühlen(Loher)straße.

Ein Pferdefuhrwerk fährt auf der Lübecker(Rahlstedter)Straße vorbei an gepflegten Wohnhäusern nach Rahlstedt.

Das Foto zeigt die vorwiegend von Einzelhäusern bebaute Loher Straße in den 1920er-Jahren. Sie liegt zwischen den Hauptstraßen, wodurch sie schon immer vom Durchgangsverkehr verschont blieb.

Ein Blick auf die Loher Kreuzung von Osten. Die Fahrzeuge kommen aus der Tonndorfer Hauptstraße. Rechts zwischen den Gebäuden mündet die Straße Am Pulverhof, dort liegt das Restaurant „Café Hartmann". Links steht der Gasthof „Loher Park", hinter dem die Straße Auerhahnweg (Ulmenweg) in Richtung Süden nach Hohenhorst führt.

Ein Doppeldeckerbus kommt auf der Tonndorfer Hauptstraße aus Lohe, 1935.

16

Die dritte Fernverbindung zwischen den Hansestädten ist die Stein-Hardenberg-Straße. Vor dem Ausbau standen auf der schon im Zweiten Weltkrieg vorhandenen Trasse Behelfsheime und in Kleingärten wurden auf ihr Obst und Gemüse geerntet. Dieses Luftfoto entstand um 1960. Es zeigt im Mittelpunkt die bereits errichtete Kirche und das Gemeindehaus. Entlang der auf dem Foto diagonal verlaufenden Straße sieht man Gartenhäuser und Kleingärten. Links oberhalb der Bahnlinie steht noch die ehemalige Baracke, in der ein Wirtschaftsamt der Wandsbeker Verwaltung untergebracht war.

Die Stein-Hardenberg-Straße war als Umgehung der beschrankten Bahnübergänge in Tonndorf (Tonndorfer Hauptstraße und Bargteheider Straße) geplant worden. Mit dem Bau einer Brücke über die Wandse fand der Ausbau zur Bundesstraße 75 im Jahr 1962 seinen Abschluss. Sie dient nicht dem Stadtteilverkehr und führt an Tonndorfs Lebensader vorbei. An dieser Ausfallstraße gibt es kein Gewerbe.

Dieses Luftbild (Blickrichtung von Ost nach West) von etwa 1950 zeigt das nördlich der Bahn gelegene Tonndorfer Siedlungsgebiet. Parallel zur unteren Bildkante liegt der Sonnenweg und fast diagonal verläuft die Straße Tonndorfer Strand. Der Teich, eine 1914 voll gelaufene Ziegelgrube, wurde später zum Bad Ostende. Auf dem Foto ist noch der 10-Meter-Sprungturm zu sehen, der vor Jahren abgebaut wurde.

Wer es sich leisten konnte fuhr mit Frau und Freunden in einem offenen Wagen ins Wochenende.

Das Foto zeigt die Tankstelle des Fuhrunternehmens Lauße in der Rahlstedter Straße. Aus diesen unternehmerischen Anfängen hat sich die heute bekannte Opelvertretung entwickelt.

Diese Tankstelle befand sich unmittelbar neben dem „Café Hartmann". Als später viele Tankstellen aufgeben mussten, wurde das Gebäude als Kfz-Werkstatt genutzt. Beide Grundstücke sind heute Standort des Discountermarktes Lidl.

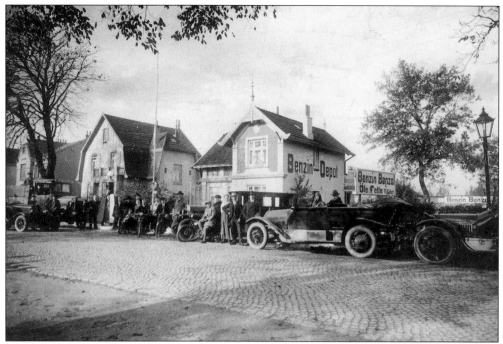

Die ersten Benzinhändler waren Drogisten. Die steigende Nachfrage nach Kraftstoff führte zum Bau von Tankstellen. Theodor Gebert eröffnete seine Station 1924 in der Tonndorfer Hauptstraße 77, gegenüber der Einmündung Tonndorfer Schulstraße. Außer mit Produkten für Autos handelte Gebert mit Fetten und Ölen sowie mit Farben, Dachpappe, Teer und Karbolineum.

Mit den Pumpen an den Zapfsäulen bediente das Tankstellenpersonal die Kunden.

Dem Verdrängungswettbewerb der großen Ölgesellschaften hielten die kleinen Händler nicht stand und gaben ihre Firmen auf. In der Tankstelle Gebert bediente jahrelang Friseur Walter Kütterer seine Kunden.

Nach der Auflösung dieser Tankstelle in der Tonndorfer Hauptstraße 59, gegenüber dem Textilhaus Schneider, wurde die Fläche als Gebrauchtwagenmarkt genutzt. Seit 2006 steht hier die Seniorenwohnanlage Pro-Vital. Links an diesem Gebäude führt eine Zuwegung zum neuen Bahnhof Tonndorf.

Das Foto zeigt die Ahrensburger Straße / Ecke Holstenhofweg im Jahr 1953. Links sieht man das Blumengeschäft Stuhr mit den dahinter liegenden Gewächshäusern, in dem Anbau befand sich ein Herrenfriseur, die Tankstelle gehörte der Firma Weidemann und daneben ist die Villa der Lehrerinnen Käte und Clara Wilfarth zu sehen. Die Tankstelle war von 1969 bis 1979 ein Getränkemarkt. Alle Gebäude sind abgerissen worden. Das Eckgrundstück beherrscht jetzt ein Neubau, der einer Videothek gehört. Rechts unten ist die Trasse der ehemaligen Industriebahn angeschnitten zu sehen, die inzwischen zur wesentlich breiteren Straße Holstenhofweg ausgebaut wurde.

Die Wandsbeker Industriebahn wurde in der Zeit von 1916 bis 1966 betrieben. Sie verkehrte zwischen dem Güterbahnhof Wandsbek und verschiedenen Industriebetrieben, die Anteilseigner der GmbH waren. Vor 1939 waren 39 Firmen angeschlossen. Dazu gehörten auch Unternehmen auf Tonndorfer Gebiet an den Straßen Ölmühlenweg und Am Stadtrand.

Die folgenden Fotos vom Holstenhofweg hat der Kleinbahnforscher Gerd Wolff kurz vor Einstellung des Bahnbetriebes aufgenommen. Die Industriebahn fuhr auf einer Streckenlänge von 7,8 Kilometer und besaß eine Spurweite von 1.000 mm wegen der engen Straßen. Die Güterwaggons der Eisenbahn mussten im Übergabebahnhof am Holstenhofweg deshalb auf schmalere Rollwagen umgesetzt werden.

Von Süden kommend fährt hier die Industriebahn auf die Brücke Holstenhofweg. Die gesamte Strecke war eingleisig. Rangierer Otto Soltau musste die Kraftfahrzeuge auf die linke Seite winken, um das Gleis frei zu machen. Er hatte auch die Aufgabe Kreuzungen abzusperren, wie beispielsweise die Ahrensburger Straße, damit die schwerfälligen Züge die Hauptstraßen gefahrlos überqueren konnten.

Dieser Zug rollt gemächlich aus dem Industriegebiet im Norden kommend auf die Brücke Holstenhofweg zu. Rechts liegen Einzelhäuser der Straßenbahnersiedlung an der Straße Thingsberg.

Bis 1957 zogen Dampflokomotiven die Züge. Später kamen Diesellokomotiven zum Einsatz. Diese beiden alten Fotos wurden nach dem Zweiten Weltkrieg in der Straße Am Stadtrand in Höhe des Firmenanschlusses von W.H. Pohlmann (Montagebau) aufgenommen.

Sobald ein Zug schnaufend herannahte und womöglich der Rangierer mit Fahne und Trillerpfeife für Platz sorgte, waren immer Kinder zur Stelle, um das Ereignis zu bestaunen.

Der Wandsbeker Gastwirt Schreck betrieb eine Pferde-Omnibuslinie von der Wandsbeker Chaussee nach Altrahlstedt. Zwei kräftige Pferde zogen die Wagen über die holprigen Straßen. Die Gefährte verkehrten fünf- bis sechsmal am Tag. Bei den zweistöckigen Wagen war das obere Stockwerk offen. Der Fotograf hielt die letzte Fahrt vor der Gaststätte „Loher Park" fest.

1910 richtete die Loher Firma Karl Wäger eine Autobuslinie ein und löste damit die Pferde-Omnibusse ab. Die erste Autobusfahrt wurde vor dem „Hotel Eggers" abgelichtet.

Durch technische Weiterentwicklungen veränderten die Omnibusse nicht nur ihr Aussehen, sie wurden auch immer komfortabler.

Dieser Bus steht an der Straßenbahnendhaltestelle Dammwiesenstraße, um 1950. Rechts daneben ist der Kiosk mit dem ehemaligen Wartehäuschen zu sehen.

Die 1913 erweiterte Wandsbeker Straßenbahnlinie fuhr jetzt vom Moltkeplatz bis zum Tonndorfer Friedhof. Dort endete sie eingleisig, sodass der Triebwagen umgesetzt werden musste.

1924 wurde eine Wendeschleife an der Dammwiesenstraße, gegenüber der Nordmarkstraße, gebaut. Bis zum Bau der U-Bahnlinie zwischen dem Hauptbahnhof und dem Wandsbeker Markt 1960 blieb der Straßenbahnverkehr in Betrieb.

Seit 1865 gab es die Eisenbahnverbindung zwischen Hamburg und Lübeck. Von Wandsbek kommend zerteilt der Gleiskörper Tonndorf und entwickelte sich durch den zunehmenden Individualverkehr einerseits und die andererseits immer häufigere Zugfolge in der zweiten Hälfte des 20. Jahrhunderts zu einem großen Hindernis. Tonndorfs Kennzeichen waren geschlossene Schranken! Über siebzig Jahre lang hatte Tonndorf allerdings keinen Bahnhof. Erst im Zuge des Kasernenbaus an der Grenze zu Jenfeld wurde 1935 eine Haltestelle mit dem Namen Wandsbek-Ost eingerichtet. Die Fotos von 1939 zeigen das Bahnwärterhaus an den Schranken Sonnenweg und das erste Bahnhofsgebäude.

Planungen für die Höherlegung der Bahn und einen Bahnhof mit Mittelbahnsteig gab es schon 1913. Kriege und Wirtschaftskrisen haben die Realisierung bis zum Jahre 2006 verhindert. Auch einen von den Bürgervereinen Wandsbeks 1988 erstellten detaillierten Plan, die Bahnstrecke in einen abgesenkten Trog zu legen, verfolgte man aus Kostengründen nicht. Frühzeitig bot man aber den Fußgängern eine Erleichterung, um das Erreichen der Züge auch bei geschlossener Schranke noch zu ermöglichen: Eine aus Holz konstruierte Brücke, die im Zweiten Weltkrieg nicht zerstört wurde. Das dörfliche Bahnwärterhaus fiel beim Bau der Untertunnelung 2003 der Spitzhacke zum Opfer.

Über Jahrzehnte bot sich den Tonndorfern und ihren Besuchern am Sonnenweg ein unverändertes Bild mit einem dörflich anmutender Charakter: Der beschrankte Bahnübergang, das Bahnwärterhaus südlich der Gleise und das Bahnhofsgebäude mit einem angebauten Kiosk schienen von der Fortentwicklung ausgeschlossen zu sein. Der höher gelegte Bahnhof mit einem Mittelbahnsteig wurde im September 2005 eröffnet und heißt seitdem Hamburg-Tonndorf.

Tonndorf hatte auf seinem Ortsgebiet sechs beschrankte Bahnübergänge: Jenfelder Straße, Dammwiesenstraße (untertunnelt 2006), Tonndorfer Hauptstraße (untertunnelt 2007), Sonnenweg (untertunnelt 2006), Am Pulverhof und Bargteheider Straße (untertunnelt 2000). Die größten Staus gab es regelmäßig an der Tonndorfer Hauptstraße, hier gesehen vom Bahnwärterhaus, das im Oktober 1989 mit der Einführung automatischer Schranken abgerissen wurde, und am Sonnenweg (Bild unten). Rechts sind die behelfsmäßigen, einstöckigen Läden zu sehen, in denen von der Nachkriegszeit bis 2003 Händler ihre Kundschaft bedienten.

Diese frühe Aufnahme zeigt den Bahnübergang mit Schrankenwärter an der Straße Am Pulverhof. Der Verkehr in diesem Straßenzug wird noch im Jahr 2007 durch Schranken geregelt.

Die Bahnschranken an der Bargteheider- / Tonndorfer Straße im Jahr 1997. Nach der Fertig-
stellung der Stein-Hardenberg-Straße konnten nur noch Fußgänger diesen Überweg benutzen.
Auch der wurde geschlossen, als im Jahr 2000 ein Brückenbauwerk fertig gestellt war, das für
Fußgänger und für die Wandse einen Durchlass unter den Gleisen bietet.

2

Versorgung und Arbeit

Obwohl Tonndorf an der viel genutzten Fernstraße lag, hatte es am Fortschritt wenig teil. Es gab weder einen Arzt noch eine Apotheke, auch nach einem Gemüseladen suchte man vergeblich.

Im Jahr 1900 gab es die ersten Anschlüsse durch das Fernsprechamt Altrahlstedt. 1909 führte die Gemeinde Straßennamen ein. Die vom Gaswerk Bergedorf 1912 nach Tonndorf gelegte Leitung bediente 100 Haushalte und 83 Straßenlaternen. Der Bau eines Gasometers auf der Hohenhorst 1922 führte zur Verbesserung der Anschlüsse. Ab 1926 lieferte das Wandsbeker Elektrizitätswerk Strom und versorgte die Wohnhäuser.

Im 20. Jahrhundert etablierten sich nach und nach Unternehmen aus verschiedenen Branchen in Tonndorf – zumeist an der Hauptstraße.

1921 errichtete man den Sitz der Gemeindeverwaltung in der Tonndorfer Hauptstraße 171. Die Finanzierung des Baus sicherten die Verkaufserlöse von Notgeld.

Zur Verbesserung der Trinkwasserversorgung baute Wandsbek 1892 ein Wasserwerk am Großensee. Die rund 25 Kilometer lange Leitung führte durch Tonndorf bis zum Holstenhofweg. Dort stand der Wasserturm, der für den nötigen Wasserdruck bei den Abnehmern sorgte. Neben dem Turm befand sich das Gleis der Industriebahn. 1953 riss man den Turm ab. Die Bevölkerung nahm dies damals zur Kenntnis, obwohl der Turm als architektonische Besonderheit galt.

Lang anhaltende Proteste der Bewohner, u. a. getragen vom Bürgerverein Wandsbek, verhinderten dagegen 1972 den Bau einer Müllverbrennungsanlage zwischen Kuehnstraße und Rahlau. Das Gelände wurde 1975 als Gewerbegebiet ausgewiesen und zahlreiche Betriebe angesiedelt, z. B. Beeck Feinkost, Form Möbelhaus, Staar Kuvertierservice. Heute produziert hier auch die weltweit anerkannte Firma Olympus Winter & Ibe ihre endoskopischen Geräte. Die Hamburger Firma fusionierte 1979 mit Olympus Optical.

In unmittelbarer Nähe zum Wasserturm entstand in der Jenfelder Straße Anfang des 20. Jahrhunderts zusätzlich ein Grundwasserwerk. Seiner ausgefallenen Architektur wegen steht das Gebäude unter Denkmalschutz. Die Wasserwerker ließen sich 1930 gemeinsam fotografieren. Der Bau wird nicht mehr zur Wassergewinnung genutzt und dient seit 1946 Wohnzwecken.

1890 gründeten 13 Bürger die Freiwillige Feuerwehr Tonndorf. Zum ersten Hauptmann wurde Gastwirt August Singelmann gewählt. 1896 errichteten die Mitglieder dieses Gerätehaus an der Straße Rahlau 126. 1898 beteiligte sich die Wehr an den Löscharbeiten beim Brand der Christuskirche am Wandsbeker Markt.

Das Mannschaftsfoto mit Löschwagen entstand vor dem Gerätehaus an der Straße Rahlau. Rechts ist der Niemeier'sche Bauernhof zu sehen. 1970 erhielt die Wehr ein neues Dienstgebäude an der Jenfelder Allee 75. Seit 1994 ist der Standort der Berufsfeuerwehr der Wandsbeker Feuer- und Rettungswache ebenfalls in Tonndorf, dort wo die Stein-Hardenberg-Straße und Tonndorfer Hauptstraße zusammenlaufen.

Durch einen Verkehrsunfall stürzte im Jahr 1975 ein Teerkesselwagen auf der Kreuzung Jenfelder Allee / Jenfelder Straße um. Die Tonndorfer Feuerwehrleute mussten u. a. auslaufenden Treibstoff binden.

Als 1979 eine Gartenlaube brannte, konnten die Retter nur dafür sorgen, dass das Feuer sich nicht weiter ausbreitete.

In diesem Gebäude Tonndorfer Hauptstraße 102 war nach 1927 die Verwaltungsstelle Wandsbek-Tonndorf – mit Standesamt und Polizei-Landposten – untergebracht. Auch eine Zweigstelle der Städtischen Sparkasse arbeitete in diesem Haus, das nach dem Zweiten Weltkrieg von der Post genutzt wurde. 1995 musste es dem Wohnungsbau weichen.

1955 eröffnete die Post ihre Filiale in dem Gebäude Tonndorfer Hauptstraße 68. Schon seit 1903 hatte das Unternehmen eine Agentur in der Tonndorfer Hauptstraße 134, im Haus des Zigarrenfabrikannten Carl Böttcher, unterhalten. 1993 wurde die Filiale aufgelöst und Tonndorf aus der Versorgung ausgeschlossen.

1903 erstand der Hamburger Kaufmann Ernst Hinrich Meyer – auch als Millionen-Meyer bekannt – ein Areal am Jenfelder Moor und auch Niemeier'sche Ländereien. Er bepflanzte mehrere Koppeln mit Fichten. Das ganze Areal nannte man deshalb Meyers Tannen. Nahe der Tonndorfer Hauptstraße ließ er sich eine stattliche Villa errichten, die 1962 abgerissen wurde.

Ab 1963 kam es auf dem großflächigen Gelände zu grundlegenden Neugestaltungen. Für den Wandsbeker Betriebshof (Rahlau 75) wurden eine Lagerhalle, ein Magazin, Werkstätten sowie ein Verwaltungsgebäude für Stadtreinigung, Stadtentwässerung, Hoch- und Tiefbau gebaut. Die Kosten betrugen 6,6 Millionen DM. Provisorische Standorte in mehreren Stadtteilen konnten dadurch aufgehoben werden. Inzwischen ist dieser Bau- und Recyclinghof der umsatzstärkste in Hamburg. 2006 erweiterte man das Grundstück zum Singelmannsweg.

ALTRAHLSTEDT

Papiermühle

Mühlen waren im Mittelalter ein wirtschaftlicher Machtfaktor. Auf Loher Gebiet gab es drei Mühlen. Mit Wasserkraft wurden Getreide, Ölsaaten und Pulver gemahlen und Farben, Draht, Papier und anderes hergestellt. Neben dem „Café Hartmann" lag eine Windmühle aus dem Jahr 1602. Als sie 1890 zum dritten Mal abbrannte, baute man sie nicht wieder auf. Die Geschichte der wasserbetriebenen Korn- und Papiermühle in der Loher Straße (Foto) geht bis in das Jahr 1309 zurück. In dem noch vorhandenen Gebäude befindet sich heute eine Lackfabrik. Den Mühlenteich gibt es nicht mehr.

Die Ölwerke an der Jenfelder Straße waren ein Dampfmühlenbetrieb, den Ferdinand Helbing 1891 eröffnet hatte. Zuletzt produzierte man Kokosöl. 1909 zerstörte ein Großbrand die Werke, wodurch viele Tonndorfer ihren Arbeitsplatz verloren. Bis nach dem Zweiten Weltkrieg war auf dem Gelände das bekannte Marmorwerk ansässig. Heute befindet sich hier der neuste Betriebsteil der Maschinenfabrik Dolmar.

Die Wassermühle am Pulverhof stammt aus dem Jahr 1581. Die Herkunft des Namens Pulver-
mühle ist unbekannt. Fest steht, dass dort nie Pulver hergestellt wurde: Die Mühle diente als
Korn- und Lohmühle. 1963 trug man die Ruine ab.

Erhalten ist die 1890 erbaute Villa am Pulverhof. Die Aufnahme zeigt das sogenannte Herrenhaus um 1929. Im Jahr 1983 wurde die Villa als Wohnhaus für behinderte Menschen um- und
ausgebaut.

Die Ziegelei Becker lag an der Walddörferstraße zwischen Hörnum- und Marnerstraße. Die dazugehörigen Tongruben befanden sich u. a. nördlich der Willöperstraße und am Friedrich-Ebert-Damm. Das Grundstücksareal südlich der Walddörferstraße übernahm 1901 Kommerzienrat Johannes Willöper. Es steht inzwischen dem Wohnungsbau zur Verfügung.

Das Foto zeigt Ziegeleiarbeiter vor einem Brennofen. Für die körperlich anstrengende Tätigkeit wurden vielfach Fachkräfte beschäftigt, die als Wanderarbeiter aus Pommern und Lippe kamen.

Ziegeleibesitzer Kommerzienrat Carl Mejer, der 1870 zum Stadtrat in Wandsbek gewählt wurde, besaß dieses Wohnhaus an der heutigen Straße Am Hohen Hause. Gegenüber am Lehmbrook befand sich seine Ziegelei. Er ließ weiträumig Tonerde abbauen. Die vielen Biotope im Umkreis der Ziegelei resultieren aus diesen Tongruben, wie z. B. der Ostender Teich.

Carl Mejer war ein fortschrittlicher Unternehmer, der früh Maschinen zur Herstellung der Ziegel einsetzte und einen leistungsfähigen Ringofen baute.

Seit 1919 fertigt die Maschinenfabrik Otto Häfner Präzisionswerkzeuge unter dem Produktnamen Ixion in der Jenfelder Straße 30. Das Verwaltungsgebäude (im Vordergrund) und verschiedene Hallen aus der Gründungszeit sind noch erhalten.

Die 1927 in Thüringen gegründete Firma Dolmar, wurde ein Jahr später nach Hamburg verlegt. In den Wandsbeker Standorten (Kattunbleiche und Kedenburgstraße) konnte sie sich nicht weiter entwickeln. Daher errichtete der älteste Benzinmotorsägenhersteller der Welt 1969 in der Jenfelder Straße 51 in Tonndorf seinen Hauptsitz (Bildmitte). Unten rechts zeigt das Foto das ehemalige Marmorwerk, darüber im Kreuz der Schienen und der Jenfelder Straße die frühere Kartoffelhalle der Firma Jobmann sowie daneben den erhaltenen Teil des zweiten Jüdischen Friedhofs in Wandsbek.

Die Marmorwerke Wandsbek AG lagen seit 1909 – vorher war der Firmensitz in Eilbek – direkt am Bahnübergang Jenfelder Straße 53 und hatten mit einem Gleis Anschluss an den Wandsbeker Güterbahnhof. Jetzt steht auf diesem Areal das Werk 2 der Maschinenfabrik Dolmar zur Fertigung von Motorwerkzeugen.

Das historische Foto vermittelt einen Einblick in die Tätigkeit der Marmorwerker, die nicht nur Platten und Steine herstellten, sondern auch figürliche Arbeiten ausführten.

Von der Galerie des ehemaligen Wasserturms im Holstenhofweg gab es eine gute Fernsicht nach allen Seiten. Hier ein Blick nach Osten: Im Vordergrund liegt die frühere Gärtnerei Redelin mit ihren Anzuchtflächen und Gewächshäusern, dahinter die Straßenbahnersiedlung an der Jenfelder Straße. Rechts außen sind auch das Grundwasserwerk und darüber die Maschinenfabrik Häfner zu sehen.

Auch das Blumengeschäft Gustav Stuhr (vormals Kaumann) in der Ahrensburger Straße 105 hatte Gewächshäuser hinter seinem Wohn- und Geschäftshaus. Für den Ausbau des Holstenhofweges und Neubauten in diesem Kreuzungsbereich wurden das Gebäude von Stuhr und andere im Jahr 1989 abgerissen.

Die Gärtnerei Friedrich Wnuk lag hinter dem Ausflugslokal „Pump's Etablissement" in der Jenfelder Straße 7.

Die Hamburger Ceresin- und Wachsfabrik Joh. Prüser, das Gebäude mit dem Turm, stand in der Jenfelder Straße 2 / Ecke Ahrensburger Straße.

Lange Zeit befand sich die Schlachterei Friedrich Morgenroth in dem nach dem Zweiten Weltkrieg nur einfach wieder hergerichtetem Haus Ahrensburger Straße 125. Auf dem Foto ist das
Haus schon geräumt. Die anschließende kleine Ladenzeile gibt es ebenfalls nicht mehr. Das
große Eckgrundstück ist seit 1996 mit einem mehrstöckigen, architektonisch interessant gestalteten Wohn- und Geschäftshaus bebaut. Im Erdgeschoss befinden sich Läden.

In der Ahrensburger Straße 162 produzierte die Firma Gebrüder Wichmann Zeichengeräte und
Produkte für die Vermessungstechnik bis ins Jahr 2000. Davor hatte die Firma Langnese hier
einen Honigabfüllbetrieb. Während des Zweiten Weltkrieges befand sich auf diesem Grundstück
eine Außenstelle des KZs Neuengamme, in der für das Drägerwerk Gasmasken gefertigt wurden.
Heute ist es die Adresse eines Wohnquartiers.

Längs der Ahrensburger Straße und Tonndorfer Hauptstraße gab es eine große Anzahl Gärtnereien. Der Steinmetzbetrieb Peter Nagel steht auf dem Gelände der ehemaligen Gärtnerei Meklenburg. Er ist der letzte seiner Zunft: Die anderen Betriebe am Tonndorfer Friedhof, Niquet und Springer, haben schon lange aufgegeben.

Auch der Blumenhandel im Umfeld des Friedhofes hat sich verkleinert. Das Haus des Blumenhändlers Wolfgang Prahl, Ahrensburger Straße 189, gegenüber dem Haupteingang ist abgerissen. Was neben der Tankstelle gebaut werden wird ist unbekannt.

Das Foto zeigt einen Händler mit seiner einspännigen Fuhre um das Jahr 1900 auf der Hauptstraße am Tonndorfer Friedhof, ungefähr in Höhe der Straßeneinmündung Ostende.

Obwohl die Geschäfte nicht mehr existierten, verblieben die alten Reklameschilder an dem Haus Tonndorfer Hauptstraße 32. Rechts hatte Schumacher Ernst Griem seinen Laden. Links bot Richard Griem Dekorationen, Tapeten, Teppiche und Möbeltextilien an.

In der Tonndorfer Hauptstraße 74 handelte Tommy Burmeister mit Kolonial- und Fettwaren. Rechts am Haus vorbei gelangte man zur Kohlenhandlung Martin Burmeister. Auf dem Grundstück steht heute das Wohn- und Geschäftsgebäude des Textilhauses Schneider.

Der Drogist Hermann Jeppe hatte in der Tonndorfer Hauptstraße 47 seinen Laden. Wie es damals üblich war, bot er in einer Abteilung Malereibedarf an und führte sämtliche Fotoarbeiten aus. Das Foto von 1969 zeigt Hermann Jeppe im Gespräch mit seiner Nachbarin Gerda Claußen.

Das Fischfachgeschäft Dieter Eichrodt, Tonndorfer Hauptstraße 76, feierte im Jahr 2003 sein 70-jähriges Bestehen. Begonnen hatte die Firma auf dem Wandsbeker Wochenmarkt mit einem Obst- und Gemüsehandel. Kriegsereignisse bedingten den Umzug der Familie nach Tonndorf. Dort nahmen Eichrodts in einem Behelfsbau Ecke Jenfelder Allee (Bild oben) das Geschäft wieder auf, bevor sie 1960 rechts daneben den heutigen Neubau (Bild unten) beziehen konnten. Ihr Laden ist für Fischgenießer inzwischen über die Stadtteilgrenzen hinaus eine bekannte Adresse.

Einer der letzten Bauernhöfe befand sich in der Straße Rahlau 123. Er gehörte der Familie Niemeier. Johann Niemeier verkaufte ein Grundstück aus seinem Besitz für den Bau Tonndorfer Schule, die im Hintergrund zu sehen ist. Noch nach dem Zweiten Weltkrieg führte ein Familienmitglied von dem Hof aus einen Kohlenhandel.

Die Flachbauten mit Einzelhandelsgeschäften am Sonnenweg zwischen dem Bahnhof und der Tonndorfer Hauptstraße prägten für Jahrzehnte das Bild des Stadtteils. Unter den Geschäften war Eddys Hähnchen-Grill legendär. Die Gebäude des Studio Hamburg im Hintergrund sind längst ein Zeichen des Wandels hin zum Teil der Großstadt Hamburg. Die Ladenzeile musste 2004 dem Bau des Straßentunnels und des Einkaufszentrums Tondo weichen.

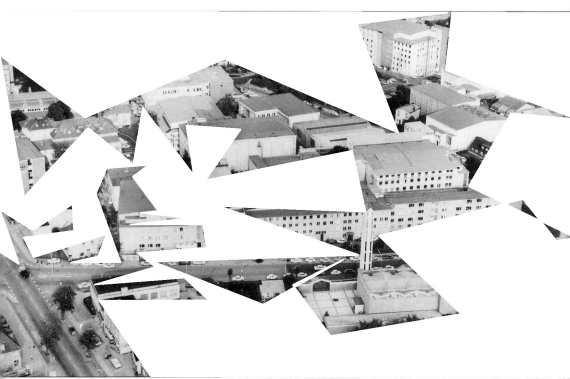

Das Luftfoto zeigt den vielfältigen Gebäudekomplex des Medienunternehmens Studio Hamburg. Links unten sind noch Einzelhäuser – an der Ecke die Bäckerei O. Göttsch – zu sehen, deren Grundstücke 1987 ebenfalls von dem Medienriesen überbaut wurden. Auch die Dächer und ein Teil des Giebels des Niemeier'schen Bauernhofes sind, bedrängt von mehrstöckigen Nutzbauten, zu erkennen. Rechts sieht man den Verlauf der Straße Rahlau mit einigen Einzelhäusern und dem ersten Feuerwehrgebäude. Dieser Straßenzug wurde 1972 im Studiobereich aufgehoben, um das Areal abzurunden. Im Osten heißt er seitdem Rahlaukamp. In der Mitte im Vordergrund liegt die katholische St.-Agnes-Kirche, links daneben an der Ecke das technische Gebäude der Telekom und anschließend in der Tonndorfer Hauptstraße der Neubau des Fischgeschäftes Eichrodt.

Noch im Jahr 1985 lag der Haupteingang des Studio Hamburg an der Tonndorfer Hauptstraße. Ein Pförtner saß in dem kleinen Gebäude, hinter dem die frühere Villa Hinsch zu sehen ist, die mehrere Anbauten erhalten hat. Als August Hinsch sich 1909 an der Chaussee eine Villa bauen ließ, konnte er nicht ahnen, welch vielseitige Geschichte dieses Gebäude erleben sollte. Das Haus in der Tonndorfer Hauptstraße 90 war im letzten Krieg Offiziersheim des Infanterie-Regimentes 69. 1945 hatte es dieselbe Funktion für das britische Militär. Danach diente es als Erholungsheim für KZ-Häftlinge. 1948 mieteten Gyula Trebitsch und Walter Koppel das vielräumige Gebäude für ihre Firma „Real-Film" – die Keimzelle des heutigen Konzerns „Studio Hamburg Atelierbetriebsgesellschaft". Dieser wichtige Medienstandort umfasst 80.000 Quadratmeter, täglich sind hier ca. 2.000 Menschen in 150 Berufen tätig. 1989 zog auch das ZDF Landesstudio auf den Komplex und ebenso hatte der Sender RTL eine Zeit lang seinen Sitz auf diesem Gelände. Hier entstanden bedeutende Filmproduktionen, wie beispielsweise „Des Teufels General", „Der Hauptmann von Köpenick", „Das Traumschiff", „Die Schwarzwaldklinik" und die Tatortfilme.

1961 gestaltete man die Straßenecke Tonndorfer Hauptstraße / Sonnenweg (West) neu. Die alte Verwaltungsbaracke, in der das Wandsbeker Wirtschaftsamt untergebracht war, wurde 1959 abgerissen. In den neu gebauten Flachbau zog die Hamburger Sparkasse ein. Als die Haspa sich schräg gegenüber in den Verwaltungsbau des Studio Hamburg einmietete, bezog erst eine Reinigung und danach der Einrichter Pommerenke die ehemalige Sparkassenfiliale.

Auf der Aufnahme von 1993 sind die Schlachterei Rudolf Bohlen und die Glaserei August Stamer zu sehen. Das Gebäude Tonndorfer Hauptstraße 61 (Ecke Sonnenweg, Ost) stand bis 2004. Karl Ebert führte ab 1952 die Schlachterei, später – bis 1974 – Hans Bringe. Danach wurde das Gebäude als Wohnhaus genutzt.

Die prächtige Villa in der Tonndorfer Hauptstraße 98 war Sitz der Schokoladenfabrik Michel. Die Fertigungshalle, auf dem unteren Bild zu sehen, stand auf dem Grundstück hinter dem Privathaus. Rechts in den neueren Flachbauten waren Anfang der 1990er-Jahre eine Gastwirtschaft und ein Papageienzentrum eingemietet. Bevor Studio Hamburg seine Um- und Erweiterungsbauten in den Jahren von 1994 bis 1995 vollendete, nutzte es die Villa und das Fabrikgebäude. 1997 wurde das Gelände mit mehreren Wohnblocks bebaut.

Im Zentrum der Luftaufnahme von 1987 liegt das Straßenbauunternehmen Fritz Hack, Tonn-dorfer Straße 73–75. In den Bäumen versteckt steht Hacks Privathaus. Links daneben sind das Lebensmittelgeschäft Iherudt, Inhaber Michael Stemple, und Milchgeschäft Meyer, später Schuhmacher Buck zu sehen. Der Flachbau rechts neben der Baumgruppe ist der Einkaufsmarkt Pro, zurückliegend eine Filmbedarfsfirma und die Tankstelle Theodor Gebert, später Fahrschule Andreas bzw. Friseur Kütterer. Alle diese Grundstücke sind jetzt vom Einkaufszentrum Tondo überbaut. Oben links ist das Straßenkreuz Stein-Hardenberg-Straße / Sonnenweg mit dem typi-schen Stau vor der Bahnschranke zu sehen.

Die Wandsbeker Firma Fritz Hack ist seit vier Generationen in Familienbesitz und hatte seit dem Krieg ihren Standort in Tonndorf. Mit modernsten Maschinen ausgerüstet benutzt die Firma noch heute Bauwagen aus dem vorigen Jahrhundert, die sorgfältig gepflegt werden.

Die Gebert'sche Tankstelle in der Tonndorfer Hauptstraße 81 (siehe auch Seite 20) dokumentiert gut die Veränderungen im Laufe der Zeit. Mit aufkommenden Kraftfahrzeugverkehr bot sie Benzin und begleitende Produkte an. Noch 1924 beschaffte man die Waren mit Pferdefuhrwerken. Später unterrichtete hier eine Fahrschule, nach dieser nutzte ein Friseurgeschäft das Haus.

Seit 1924 hatte die Druckerei Hermann Flotow ihren Sitz in der Tonndorfer Hauptstraße 128 / Ecke Steenmoor. Damals nannte man das Gebäude Gutenberghaus, das mehrfach um- und ausgebaut wurde. 2005 lösten die letzten Inhaber den Betrieb auf. Heute unterhält eine Stiftung für Jugendliche das Haus.

Eine Anzeige des Gutenberghauses aus dem Jahr 1928. In der Anfangszeit gehörte zur Druckerei auch ein Papiergeschäft sowie ein Lesezirkel.

Hermann Flotow (1882–1962) gründete die Tonndorfer Druckerei und leitete sie bis 1960. Er war von 1919 bis 1924 Gemeindevorsteher in Tonndorf-Lohe und wurde 1927 Wandsbeker Stadtverordneter.

Die 1905 gegründete Tonndorf-Loher Zeitung stellte ihr Erscheinen bereits 1907 wieder ein. Redaktion, Druck und Verlag lagen in den Händen des ortsansässigen Max Rehder.

Der Schuhmachermeister Hans Gatermann, hier mit seiner Familie im Jahr 1960, hatte sein Geschäft Ecke Menckesalle / Rahlau.

Der Bauernhof Krochmann stand auf dem Grundstück Tonndorfer Hauptstraße 110 / Ecke Wilsonstraße. Familie Krochmann bewohnte diese Villa, die sich im hinteren Teil des Geländes befand. 1952 eröffnete in einer Scheune des Hofes das Kino „Filmtruhe", danach war sie eine Filiale des Pennymarktes und jetzt werden darin Autozubehörteile angeboten. Seinerzeit wurde das Kino, ausgestattet mit 500 Plätzen, als ein Lichtspieltheater mit modernster Technik gelobt, das dem Bedürfnis der Einwohner nachkam. Weiter schrieb die Zeitung: „Es ist ein Kulturmittelpunkt, von dem rechts eine Ziergartenanlage mit alten Bäumen von der Vergangenheit zeugt." In einem anderen Hofgebäude wurden lange Zeit Heimwerkerartikel durch die Firmen Heinrich Rommel und danach Heinz Kell verkauft. Auch eine Tankstelle steht auf dem Grundstück.

In der Tonndorfer Hauptstraße 163 begann Gustav Freytag Anfang der 1950er-Jahre mit dem Handel von Etiketten. Sein Sohn Jan-Peter Freytag hatte die Idee, dieses vielseitige und technisch anspruchsvolle Produkt selbst herzustellen. Daraus entwickelte sich eine Spezialdruckerei, die auf diesem Grundstück nicht genügend Platz für ihre Weiterentwicklung hatte. Das Unternehmen wechselte deshalb 1976 nach Brunsbek-Papendorf. Es beschäftigt heute 40 Mitarbeiter und liefert europaweit Etiketten in allen Ausstattungen. Die Aufnahme entstand 1957.

Das Foto zeigt die ehemalige Schlachterei Max Mühle in der Tonndorfer Hauptstraße 172 im Jahr 1948. 1960 zog sie in den nebenstehenden Neubau, Haus Nr. 174a, um. Heute betreibt der Enkelsohn Manfred Mühle im selben Gebäude ein Beerdigungsinstitut.

In der Rahlstedter Straße in Lohe war das Umzugsunternehmen Julius Schenck ansässig. Die Aufnahme entstand um 1900.

Ganz in der Nähe hat heute die Nachfolgefirma Schenck & Hansen ihren Standort, in der Straße Am Pulverhof, direkt vor den Bahnschranken.

Die Bau- und Kunstschlosserei Heher wurde 1887 gegründet und hatte seit 1900 ihren Sitz im Tonndorfer Weg 9 (Foto unten). Heute firmiert das Unternehmen als Heher Bauschlosserei Metallbau GmbH und hat seinen Standort zur Erweiterung des Betriebes in das Höltigbaumgebiet (Rahlstedt) verlagert.

Im Empfangsraum hängt noch heute eine künstlerisch gestaltete Holztafel, die folgenden Spruch trägt: Wenn an jedes lose Maul / ein Schloss müsst angehängt werden, / dann wär die edle Schlosserkunst / die beste Kunst auf Erden.

Die Firma Wäger betätigte sich im Laufe der Jahrzehnte auf vielen Gebieten. Das 1898 gegründete Unternehmen war seit 1905 in der Loher Straße ansässig. Als Lebensmittel-Großhandel versorgte Karl Wäger ein weites Umfeld. Er machte das Achimer Simonsbrot im Hamburg bekannt. Frühzeitig lösten Kraftwagen die Pferdfuhrwerke in seiner Firma ab.

Der große Fuhrpark zur Versorgung der Kunden hatte 1974 ausgedient. Der dritte Inhaber des Familienunternehmens, Friedrich Wäger, stellte den Lebensmittelhandel ein und gründete den Busbetrieb Wäger, der Touristen durch die Hansestadt, in die Umgebung oder Reisegruppen durch ganz Europa fuhr.

Auf dem Foto von etwa 1900 ist der Betrieb des Schmiedemeisters Carl Pünjer in der Rahlstedter Straße zu sehen.

Im Tonndorfer Weg 14 betrieb Richard Martens ein Viehgeschäft und eine Großschlachterei.

3

Über das Leben in Tonndorf

„Damals", sagte die betagte Emma Püst in einem Gespräch, „war das Leben in Tonndorf viel bescheidener. Wir hatten Hühner, Gänse und Schweine um uns herum. Wasser holten wir aus der Pumpe im Hof und es war selbstverständlich, dass das Häuschen mit Herz im Garten stand. Es war auch alles viel persönlicher. Man kannte sich untereinander und man half sich." Dem Leben auf den Höfen oder in den benachbarten Katen folgte das Wohnen in Siedlungshäusern. Schon 1905 wurde das Areal nördlich der Bahn zwischen Hamburg und Lübeck zur Bebauung mit sogenannten Landhäusern freigegeben. Chronisten stellten fest, dass dort dann ein ganz anderer Menschenschlag wohnte. Ein Grund dafür kann sein, dass diese zugezogenen Familien keine bäuerlichen Vorfahren hatten. Die neuen Siedlungen besaßen einen anderen Wohncharakter. Vorher wurde das Gelände zwischen Sonnenweg und Ostende unterschiedlich genutzt. Während der russischen Besetzung 1814 kam es hier zu einem militärischen Schauspiel durch Vorführung von Sprengminen. Ab 1871 war es Exerzierplatz der Wandsbeker Garnison mit einem Schießstand und ab 1880 für drei Jahre lang eine Pferderennbahn. Die Pferde wurden damals im „Schinkenkrug" versorgt. Jetzt haben diese Abgrenzungen keine Gültigkeit mehr und die einst großen Freiflächen Tonndorfs sind seit 1960 verschwunden. Leider sind den abrisswütigen 1950er-Jahren auch manche Gebäude zum Opfer gefallen, denen man aus heutiger Sicht wünschen möchte, sie könnten noch ein Zeugnis der alten Zeit vermitteln.

Die Siedlung am Kamp gehört zu den früh erschlossenen Gebieten Lohes. Diese Einzelhausbebauung ist heute noch ein wohltuendes Bindeglied zwischen den Hochbauten am Ellerneck und Hohenhorst.

Die damals im bäuerlichen Umfeld gebaute und großzügig gestaltete Villa der Bauernfamilie Hinsch in der Tonndorfer Hauptstraße 90 ist zwar erhalten geblieben, doch ihres Anblicks beraubt. Sie erhielt Anbauten und verschwand hinter den Verwaltungsblöcken des Studio Hamburg.

Dieses stattliche Wohnhaus Tonndorfer Hauptstraße 98 gibt es nicht mehr. Nach dem Zweiten Weltkrieg fertigte die Firma Michel in einer Halle hinter dem Haus Schokolade. Heute stehen hier große Wohnblöcke.

Dieses Foto von 1913 zeigt das Wohnhaus Nr. 25 am Anfang der Tonndorfer Hauptstraße, in unmittelbarer Nähe des Friedhofs. Ein späterer Neubau wurde vom Schlachter Boldt genutzt. Der Neubau steht noch und gehört jetzt zum Gebäudekomplex der Berufsfeuerwehr der Wandsbeker Feuer- und Rettungswache.

Die Familie Paul Kerk hatte ihr Wohnhaus in der Tonndorfer Hauptstraße 46. 1936 ersetzte ein Neubau das hier im Jahr 1913 fotografierte Haus.

Familie Spitzer wohnte in der Straße Ostende 32. Die auffallende Architektur des Hauses, insbesondere die Fassade zur Straße, machte es zu einem Blickfang. Es wurde nach Kriegszerstörungen nicht wieder aufgebaut. Das Gebäude der Familie Schuldt, links daneben, ist bis heute erhalten.

Der linke Teil dieses Doppelhauses Tonndorfer Hauptstraße 41–43, gegenüber der Einmündung Singelmannsweg, hat viele Veränderungen überstanden. Es befindet sich heute direkt am Anfang des Straßentunnels zur Stein-Hardenberg-Straße.

Diese und die folgende Seite dokumentieren das Schicksal des 1924 erbauten Einzelhauses der Familie Püst in der Tonndorfer Hauptstraße 139. Das Foto von 1928 zeigt den Erstbau.

Hinter dem Haus gab es Stallungen, Beete für Gemüse und Blumen. Ein Plätzchen zum Spielen und Ausruhen ließ sich immer finden.

Im Zweiten Weltkrieg wurde die Hansestadt durch Fliegerangriffe schon 1942 schwer getroffen. Auf einen Bereich der Tonndorfer Hauptstraße fiel eine Luftmine und verursachte unvorstellbare Zerstörungen. Mit Hilfe von Nachbarn konnte Familie Püst nahezu unverletzt ihre Luftschutzräume im Keller verlassen. Noch im selben Jahr baute die Familie ihr Haus wieder auf, diesmal mit roten Klinkersteinen verblendet.

Fortbildung in Weißnäherei: Alwine Bohlen unterrichtete Nachbarinnen in dieser Nähtechnik bei gutem Wetter in ihrem weitläufigen Garten in der Tonndorfer Hauptstraße 61, der sich bis an die Bahngleise erstreckte.

In der Straße Am Pulverhof 41 baute August Kräusel 1921 auf seinem Grundstück ein Haus und legte einen großen Karpfenteich an, der von der Wandse gespeist wurde. Um 1925 gründete sein Sohn Hans auf der weitläufigen Immobilie eine Geflügelzucht- und Brutanstalt, die er bis in die 1960er-Jahre weiterführte. Über den Teich und über die Wandse führten Rundbogenbrücken mit schmiedeeisernen Geländern. Während die Stadt als neuer Besitzer Wiesen und Teichgelände verwildern lässt, wird das alte Wohnhaus im Jahr 2007 restauriert.

Im Sommer spielte sich das Leben für die Kinder im Garten und auf der Straße ab. Gefahren durch den Verkehr gab es nicht.

Wasser hat immer eine große Anziehungskraft auf den Nachwuchs: Eine Zinkwanne war dafür ein herrliches Spielzeug.

Für Mädchen war es wichtig, sich hübsch zu kleiden: Eine große Schleife im Haar, auch Butter-lecker genannt, war etwas ganz Besonderes.

An Schaukel und Reck ließ es sich damals wie heute herrlich spielen und turnen.

Einen Block- oder Bollerwagen hatte nicht jeder. Darin gezogen zu werden, war nicht nur begehrt, sondern konnte auch den Ausflug in die Umgebung erweitern.

Die Größeren waren mächtig stolz, wenn sie einmal auf dem Motorrad des Besuchers Platz nehmen durften.

Nach dem Zweiten Weltkrieg waren die Wohnverhältnisse sehr bescheiden und beengt, weil viele Flüchtlinge und Ausgebombte unterzubringen waren. Auch wenn schon ein Auto vor der Tür stand, waren die sanitären Verhältnisse anspruchslos.

Wasser wurde mit Hilfe einer Pumpe aus dem Garten geholt und die Toilette war ein einfaches Plumpsklo, das sich nicht im Haus, sondern draußen im Stall befand.

79

Den Plan, die Stein-Hardenberg-Straße zur Umgehung der Tonndorfer Bahnschranken auszubauen, gab es schon lange. Die Fertigstellung erfolgte erst 1962. Dieses Foto zeigt die Trasse in Höhe Sonnenweg Richtung Hamburg um 1960.

Familie Schmuck hatte ihr Einfamilienhaus auf dem Grundstück Nr. 67 gebaut und erlebte die Trassierung, die Nutzung durch Kleingärtner und den Straßenausbau von Anbeginn mit.

Ungestört konnten sich die Kinder auf der Stein-Hardenberg-Straße dem Wintervergnügen hingeben. Wie im Hintergrund zu sehen ist, gab es auf der unfertigen Straße bis in die Nachkriegszeit Fertighäuser, sogenannte Leybuden, und Schrebergärten. Die Gärten halfen das knappe Lebensmittelangebot zu ergänzen.

In der Kriegszeit und in den Jahren danach standen in vielen Gärten Kaninchenställe. Auch Hühner wurden gehalten, wenn der Platz es zuließ. Aufwand und Mühe lohnten sich, da sie die Ernährung nicht nur verbesserten, sondern auch sicherten.

Dieses 1890 gebaute Haus in der Tonndorfer Hauptstraße 166 zeugt von einer anderen Zeit. Neubauten sind dicht an das Gebäude herangerückt. Wie lange wird es noch stehen und seine Bewohner zum Ausruhen auf die Bänke locken?

Das frühere Haus Bohlen wurde abgerissen. Sein Grundstück Tonndorfer Hauptstraße 61 (Ecke Sonnenweg, Ost) ist ein Teil des heutigen Einkaufzentrums Tondo.

Das Einzelhaus Tonndorfer Hauptstraße 24 steht nicht mehr. Erst war es bedrängt von den Verkaufsräumen und der Werkhalle der Möbelfabrik Oertel & Oldenburg, nun parken hier Kunden des Discounters Aldi.

Das Foto dokumentiert das Haus der Familie Buck in der Tonndorfer Hauptstraße 71 in seinen letzten Tagen. Die Familie bot einen Schuhmacherservice und Schlüsseldienst an. Links daneben befand sich das Lebensmittelgeschäft Iherudt und rechts das Straßenbauunternehmen Fritz Hack. Alle Grundstücke sind von dem Einkaufszentrum Tondo überbaut.

1952 wurde die Siedlung Küperstieg, auch Gartenhofsiedlung, zwischen den Bahngleisen und der Tonndorfer Hauptstraße, auf einer Koppel des Bauern Krochmann gegenüber der Schulstraße errichtet. Es sind einstöckige, lang gestreckte Gebäude, in denen sich insgesamt 200 Wohneinheiten befinden. Die 47 Quadratmeter großen Wohnungen mit einem kleinen Garten waren damals für die vielen Flüchtlinge aus dem Osten geplant worden. Einige Mieter haben sich an die bescheidenen Wohnverhältnisse gewöhnt – Wohnraum 17 Quadratmeter, zwei Schlafzimmer sowie Küche, Duschraum und WC – und wehren sich gegen die Abrisspläne der Genossenschaft. Mehrere Blöcke sind bereits der Spitzhacke zum Opfer gefallen.

Direkt an der Tonndorfer Hauptstraße, neben der Siedlung Küperstieg, entstanden zur selben Zeit auf der Krochmann'schen Koppel diese komfortableren Wohnblocks.

Auch an der Ecke Tonndorfer Schulstraße / Tonndorfer Hauptstraße, gegenüber dem Studio Hamburg, wurde ein Wohnblock errichtet. In der Mitte hinten liegt die alte Schule.

Auf dem ehemaligen Ackerland im Gebiet Hohen Horst, das zum Teil zum Besitz das Bauern Höppner zählte, entstand seit 1959 die Großsiedlung Hohenhorst. Der ehemalige Tonndorf-Loher Besitz gehört jetzt zu den Stadtteilen Jenfeld und Rahlstedt. Weite Flächen wurden für den Wohnungsbau erschlossen. Hochhäuser wechseln sich mit mehrgeschossigen Wohnblocks ab. An der Schöneberger- / Ecke Charlottenburger Straße wurde ein Einkaufszentrum gebaut.

Dieses sehr alte Zeitungsfoto zeigt das ehemalige Heim der Hitlerjugend am Tonndorfer Bahnhof. Nach dem Krieg war es ein Kinderheim und wurde 1961 abgerissen. Auf dem Grundstück befindet sich heute ein mehrgeschossiges Wohnhaus. Im Parterre hatte lange Zeit die Möbelfirma Pommerenke ihre Geschäftsräume.

Viele Jahre war das staatliche Kindertagesheim im linken Gebäudeteil des „Schinkenkrug" untergebracht. Wegen zahlreicher baulicher Mängel kam es zum Umzug. Als Ersatzgebäude bot die Stadt das alte Tonndorfer Schulhaus an, das 1989 nach einer grundlegenden Umgestaltung für die Zwecke der Kinderbetreuung bezugsfertig war.

Das historische Fotodokument zeigt Kätner Hinrich Hermann Singelmann und seine Frau. Singelmann wurde im Jahr 1871 stellvertretender Gemeindevorsteher.

Zum Gruppenbild kam die Familie Bohlen im Jahr 1915 zusammen. Von links sind Alwine, Emma, Bertha, Rudolf, Dora, Otto Bohlen zu sehen. Die Vorfahren lebten in einem Bauernhaus, das Ecke Tonndorfer Hauptstraße und Jenfelder Allee stand – heute Studio Hamburg-Gelände. Die folgenden Fotos der Familienmitglieder Bohlen und Püst geben einen guten Einblick in die damalige Mode.

Emma Behn, Mutter von Alwine Bohlen.

Magdalena Püst, geb. Peters.

Emma Püst, geb. Bohlen.

Hochzeit Anni Gille, geb. Püst, 1934.

Die Bohlen-Kinder Rudolf, Dora und Emma posieren in Sonntags- kleidung beim Fotografen. Der Trudelreifen war im letzten Jahr- hundert ein sehr beliebtes Spiel- zeug.

Der männliche Nachwuchs trug am Sonntag Matrosenanzüge.

Johann Püst, 1885.

Dora Stamer, geb. Bohlen.

Mode bewusst und elegant behütet zeigten sich Emma Bohlen und ihre Cousine Frieda Behn dem Fotografen.

Als Magdalena und Johann Püst 1949 diamantene Hochzeit feierten, entstand dieses Bild mit ihren Enkeln und Urenkeln.

Emma Püst, geb. Bohlen, wurde 1892 geboren und wurde fast hundert Jahre alt. Als Tonndorf 1989 sein 675. Jubiläum feierte, ließ sie sich zwischen ihren unverheirateten Töchtern Hanna (links) und Ilse fotografieren.

Das Vereinsleben hatte im vorigen Jahrhundert eine ganz andere Bedeutung als heute. Die Geselligkeit und der Zusammenhalt, auch von Berufsgruppen, wurden gefördert.

1912 gab es:
 einen Sparklub Einigkeit,
 die Loher Schweinegilde,
 einen Grundeigentümer-Verein und einen Bürgerverein,
 die sich in renommierten Gaststätten trafen.
1925 sind in Tonndorf-Lohe:
 die Freiwillige Feuerwehr,
 der Gesangverein Eichenkranz,
 ein Gesellschaftsklub,
 ein Sozialdemokratischer Ortsverein und der Sportverein Tonndorf-Lohe
 verzeichnet.
Nach dem Zweiten Weltkrieg entstanden u. a.:
 die Naturschutzjugend Bachpatenschaft an der Wandse und
 die Freunde des Naturbades Ostende e. V. (gegr. 1984).
Zu Jubiläumsfeiern gründeten sich:
 1964 der Heimatring Tonndorf, der 1975 aufgelöst wurde und im Bürgerverein
 Wandsbek aufging sowie 1988 der Verein für Tonndorf, der 2000 aufgelöst wurde.

Das Foto zeigt die Einsatzstelle Mitte der Hamburger Brieftaubenzüchter Reisevereinigung e. V. im Ölmühlenweg 8. Dieser Verein wurde 1889 gegründet.

Der Sportverband für das Polizei- und Schutzhundewesen hat seinen Standort im Wandsegrünzug zwischen dem Ölmühlenweg und der Nordmarkstraße. Die Trainingswiese war einst ein flacher Teich. Der Verein nutzt den ehemaligen Kiosk der aufgelösten Badeanstalt Ölmühlenweg als Vereinshaus.

Im Namen des Sportvereins Tonndorf-Lohe von 1921 e. V. ist die Bezeichnung der früheren Gemeinde erhalten. Im Jahr 2002 zählte der Verein 600 Mitglieder. Zuerst spielte man hinter dem Tonndorfer Hof, dann auch auf anderen Koppeln, z. B. am Sonnenweg. Das Foto entstand 1932 anlässlich der Einweihung des ersten Sportplatzes an der Martensallee.

Vom Ende des Zweiten Weltkrieges bis zur Einweihung des Sportplatzes „Küperkoppel" mit Vereinshaus (Foto) im Jahr 1956 wurde auf einer Wiese am Auerhahnweg / Ellerneck gespielt.

Der Wandsbeker Männer-Turnverein von 1872 e. V. wurde nach dem Zweiten Weltkrieg ein Tonndorfer Verein. Die 1874 errichtete Turnhalle Lärmberg an der Schädlerstraße war Vereins-sitz bis zur Ausbombung. In der Tonndorfer Schule nahm der Verein seinen Betrieb wieder auf und bezog später diese Baracke an der Jenfelder Allee 53, die seitdem sein Vereinshaus ist.

Der Arbeiter-Samariter-Bund (ASB) Landesverband Hamburg e. V. feierte 2007 sein 100-jähri-ges Bestehen. Der Ortsverband Nordost unterhält seit 1980 in der Tonndorfer Hauptstraße 169a eine Seniorentagesstätte die Unterhaltung, Spiel- und Sprachunterricht anbietet.

4

Natur und Erholung

Frühere Sumpfwiesen sind verschwunden und es ist lange her, dass die Rahlau im Bereich der Damm-wiesenstraße im Winter von der „Actien Brauerei Marienthal" zur Eisgewinnung aufgestaut und von Kindern zum Schlittschuhlaufen genutzt wurde. Aber mit Recht können die Tonndorfer sagen, dass sie in einem Stadtteil wohnen, der sich durch viele Grünbereiche auszeichnet und so einen großen Erholungs-wert hat. Der Wandsewanderweg zieht sich von Rahlstedt bis zur Alster. In Tonndorf führt er vorbei an Flussabschnitten, die noch Urstromcharakter haben. Fachleute der Verwaltung und Umweltschützer sorgten dafür, dass die Wandse inzwischen sauberes Wasser führt und wieder Forellen angesiedelt werden konnten. Beginnend an der Ahrensburger Straße entsteht an der Rahlau ebenfalls ein Grünzug, der fern vom Autoverkehr Erholung in der Natur bietet.

Viele mit Grundwasser voll gelaufene Ziegeleigruben sind zu Biotopen mit unterschiedlicher Nutzung geworden. Der Ostender Teich ist als Naturbad an der Straße Tonndorfer Strand stadt-bekannt und von zahlreichen Kleingärten gesäumt.

Die Verlegung und Begradigung einiger Stellen der Wandse in der Mitte des vorigen Jahrhunderts erweist sich aus heutiger Sicht als falsch. Diese Wiese (Blick von der Nordmarkstraße nach Osten) wurde darüber hinaus nach Kriegsende mit unvorstellbaren Mengen Mauerschutt, den eine Lorenbahn aus Eilbek hierher transportierte, aufgefüllt.

Gern wurde die Wandse, die früher viel mehr Wasser führte und in den Mäanderbogen tiefere Stellen hatte, zum Baden genutzt. Manch älterer Tonndorfer lernte in dem Gewässer Schwimmen. Andere unternahmen auf den Ziegelseen Bootstouren zur Erholung.

Diese jungen Mädchen genossen die Ruhe und Einsamkeit auf einem Steg, der dem Bauern diente, seine Weiden jenseits der Wandse zu erreichen.

Dann kam die Zeit, in der es wieder Gartenmöbel zu kaufen gab, sodass man das Idyll im Grünen genießen konnte.

Das für geschäftliche Transporte angeschaffte Pferd der Familie Eichrodt wurde zum Freund der Kinder – also musste es auch mit auf das Sonntagsfoto.

Wer ein Fahrrad besaß, fuhr damit zur Arbeit oder am Wochenende in die nähere Umgebung. Heute lädt der Wandsewanderweg auch zu längeren Fahrradtouren abseits des Autoverkehrs ein.

Gegenüber der Schule im Sonnenweg ist eine Pferdekoppel bis in die heutige Zeit erhalten geblieben.

Bis zur Neugestaltung der Bahnübergänge und des Weges entlang der Rahlau bot die Bach an der Dammwiesenstraße diesen Anblick.

Die Postkarte von 1916 zeigt das Umfeld an der Pulverhofmühle als eine ländliche Idylle. Im Hintergrund steht das Herrenhaus.

In unserer Zeit ist der alte Mühlenteich von Bäumen umstanden und liegt in einem parkähnlichen Gelände. Die Behörden planen, den Gewässerstau aufzuheben und der Wandse ihr natürliches Bett zurückzugeben.

Der Vossberg, den die Bevölkerung seit Generationen zum Rodeln nutzt, wurde Mitte der 1920er-Jahre neu bepflanzt. Damals gewährte er einen weiten Ausblick. In der Bildmitte verläuft die neu gebaute Nordmarkstraße mit ihrer markanten, noch erhaltenen Wandsebrücke.

Südlich der Wandse befand sich hinter der Badeanstalt Ölmühlenweg noch nach dem Zweiten Weltkrieg ein kleiner flacher Teich, in dem die Jugend gern herumplantschte. Heute trainieren dort Hundehalter ihre Tiere auf einem Übungsplatz.

Die Wandse speiste die Becken der Badeanstalt Ölmühlenweg. Das 1924 gebaute Bad hatte ein Schwimmer- und ein Nichtschwimmerbecken sowie Liegewiesen. Links und rechts vom architektonisch auffälligen Eingangsgebäude befanden sich offene und verschließbare Umkleidekabinen. Von 1973 bis 1981 war die Badeanstalt an den Verein für Freikörperkultur (FKK) verpachtet. Danach kam es zum Abriss und zur Renaturierung des Geländes. Das Biotop liegt heute am Wandsewanderweg.

Der Ostender Teich war ursprunglich eine von der Ziegelei Mejer genutzte Tongrube. 1914 beendete ein Grundwassereinbruch die Nutzung. 1927 entstand das Freibad Ostende, das über Hamburgs Grenzen hinaus bekannt ist. Nach Aufgabe das Bades durch die Wasserwerke betreibt es seit 1984 der Verein Freunde des Naturbades Ostende, anfangs gemeinsam mit einem Tauchsportverein und Sportanglern, und sorgt dafür, dass dieses schöne, 30 Meter tiefe Gewässer weiter öffentlich genutzt werden kann. In dem Luftbild von 1935 verläuft die Straße Tonndorfer Strand links am See und oben sind die Nordmarkstraße und die Siedlungshäuser am Vossberg zu sehen. Den zehn Meter hohen Sprungturm auf dem unteren Foto gibt es nicht mehr.

Die ausgedehnten Kleingartengebiete Tonndorfs, die ab 1918 beiderseits der Bahn angelegt wurden, verschwanden seit 1950 nach und nach. Das Foto von 1930 zeigt ein Familienidyll in einem Kleingarten an der Stein-Hardenberg-Straße 129.

Eingerahmt von einem Industrie- und Gewerbegebiet und dem Wohnpark Trabrennbahn ist die idyllische Kleingartenkolonie Ziegelsee am Friedrich-Ebert-Damm erhalten geblieben.

Mit der Bauplanung für die Untertunnelung der Tonndorfer Bahnübergänge kam das Ende des Kleingartenvereins „Tonndorf 519", der seine Parzellen am Bahnhof zwischen den Gleisen und der Stein-Hardenberg-Straße hatte. Seit die Baufahrzeuge 2006 abrückten, befindet sich hier eine geräumige Bushaltestelle und ein Parkplatz.

Die Bahnstation wurde von Wandsbek Ost in Hamburg-Tonndorf umbenannt, wie seit Jahrzehnten gefordert. Ergänzend sind Hinweise auf das Studio Hamburg angebracht worden.

Das 1921 an der Ahrensburger Straße durch den Kleingartenverein „517 Ost-Wandsbek" kultivierte Gelände wurde Anfang 1993 aufgegeben. Auf dem durch den Doraustieg erschlossenen Areal, sollte ein Kleingewerbegebiet entstehen. Bisher gibt es hier nur eine Autolackierwerkstatt. Für die Rahlau wurde ein neues, nach ökologischen Gesichtspunkten gestaltetes Bett angelegt. Den Bach begleitet ein schöner Fußweg. Im Hintergrund sind die Speicher (Proviantamt) zu sehen, die Tonndorfs Bild seit über 70 Jahren prägen.

Der Kleingartenverein „516 Kolonie Ostende" liegt verzweigt am Ostender Teich und an der Wandse.

Tonndorf hatte zahlreiche Ausflugsgaststätten entlang der Verbindungsstraße von Hamburg nach Lübeck und an den großen Veranstaltungsplätzen. Das Foto von 1913 zeigt den auffälligen Bau gegenüber der Farmsener Trabrennbahn, den der Hotelier von Joh. A. Suhr „Sporthaus Farmsen" nannte. Hotel und Gaststätte gehörten später der Familie Wichmann. Jetzt steht dort ein Wohnhaus mit einer Aldi-Filiale im Parterre.

J.J. Pump's Etablissement an der Ahrensburger / Ecke Jenfelder Straße war bekannt für vielerlei Vergnügungsmöglichkeiten. Es hatte einen Salon und einen Biergarten. 1951 wurde auf dem Grundstück das Kino „Treffpunkt" gebaut. 1989 übernahm das Gebäude ein Teppichboden-markt. Seit einigen Jahren ist es ein Kiefernmöbelfachgeschäft.

Gegenüber der Endstation der Straßenbahnlinie 3, an der Ecke Nordmarkstraße, befand sich schon immer eine Gaststätte, deren Veranda auf dem Fußweg steht. Lange Zeit hatte sie den passenden Namen „Zur Endstation". 2001 wurde daraus die „Tonndorfer Stube". Heute ist es ein italienisches Restaurant.

Seit alten Zeiten gab es gegenüber dem Eingang zum Friedhof Tonndorf die Gaststätte „Sammann". Ein eigenwilliger Vorbau prägte das Gebäude, das später „Bürgerstuben" hieß und seit 1964 von G. Eisenberg geführt wurde. Jetzt ist das Grundstück Standort einer Essotankstelle.

Das alte Gehöft des Bauernvogts David Ahlers kam Ende des 19. Jahrhunderts in den Besitz der Familie Niemeier. 1892 brannte die Hofstelle ab, obwohl die neu gegründete Freiwillige Feuerwehr Tonndorf schnell zur Stelle war. Der Neubau, später als Gaststätte genutzt, wurde „Schinkenkrug" genannt. Else Röhr und Inge Boldt übernahmen den Namen für ihre Gaststätte, die sie hier ab 1964 betrieben. Das baufällige Gebäude wurde 2003 vor der Untertunnelung der Tonndorfer Hauptstraße abgerissen.

August Singelmann eröffnete 1870 eine Gastwirtschaft. Er stand von 1897 bis 1909 der Gemeinde vor. 1932 war Ernst A. Schröder Inhaber des Lokals, danach sein Schwiegersohn Hermann Lückens. 1971 hieß es unter dem Inhaber P. Fädrich „Zur Post". Links neben dem Lokal befand sich die alte Schmiede und später der Reifenhandel Singelmann. Heute steht auf dem Grundstück ein Penny-Markt.

Diese bekannte Gastwirtschaft in der Tonndorfer Hauptstraße 165 wurde von verschiedenen Inhabern geführt. Nach Johannes Schulz (1913) gehörte sie Paul Kennemann (1925), der sie 1935 an Erik Denker erst verpachtete und 1943 verkaufte. Sie wurde unter dem Namen „Tonndorfer Hof" bekannt. Um 1968 führte Eligio Penna das Haus, das 1982 schließlich „Traumtänzer" hieß. Jetzt steht an seiner Stelle ein Mehrfamilien-Wohnhaus.

Das Restaurant, die Konditorei und das „Café Hartmann" an der Ecke Tonndorfer Hauptstraße / Am Pulverhof hatte schon in den 1920er-Jahren ein großes Renommee durch seine Künstlerkonzerte und Tanzveranstaltungen. Die Aufnahme entstand 1928. 1980 wurde H.G. Olschewski Inhaber. 1996 übernahm die Familie Tunici das Haus und eröffnete ein jugoslawisches Restaurant unter dem Namen „Dubrovnik". Seit 2001 gehört das Areal dem Discounter Lidl.

Schräg gegenüber vom „Café Hartmann" lag ebenfalls ein gut besuchtes Haus. Aus L. Popp's Gasthof „Radfahrerheim" wurde im Jahr 1911 unter Otto Willendorf das Haus „Loher Park", an dem auch die Omnibusse hielten, die zwischen Wandsbek und Rahlstedt verkehrten. Um 1928 gehörte der Betrieb Fritz Püst, der mit einem Ballsaal und einer Doppelkegelbahn warb. Nach dem Zweiten Weltkrieg wurde das Haus unter Ströh bekannt, war später ein Einkaufsmarkt und ist jetzt ein Restaurant namens „Festhaus Hamburg".

Wie Popp's Gasthof lag auch die Restauration von August Köster auf Loher Gebiet. Das Bild zeigt die Gastwirtschaft im Jahr 1914. Der Betrieb nannte sich eine Zeit lang „Hotel Marienthal" und hatte einen Saal, ein Gartenlokal und eine Doppelkegelbahn. An seiner Stelle steht jetzt das Seniorenheim „Parkresidenz Rahlstedt".

1950/51 wurde das Kino „Traumland" auf dem ehemaligen Grundstück des Ausflugslokals Pump in der Ahrensburger Straße / Ecke Jenfelder Straße erbaut. Bekanntheit erlangte es unter seinem späteren Namen „Treffpunkt". Nach der Nutzung als Kino war das Gebäude ein Markt für Teppichböden und danach wurden in den Räumen antike Kiefernmöbel angeboten.

Lehrer Wilhelm Bube richtete 1896 eine Jugendbibliothek in der Schule ein, die 1900 Volksbücherei wurde und damit ein Vorläufer der Öffentlichen Bücherhalle war. 1923 zog die Bücherhalle in die Gemeindeverwaltung in der Tonndorfer Hauptstraße 171. 1949 verlegte man sie in die Baracke des Bezirksamtes in der Tonndorfer Hauptstraße 63 / Ecke Sonnenweg. 1961 erhielt die Bücherhalle am selben Standort einen Flachbau zwischen den neuen Gebäuden der Haspa und dem mehrgeschossigen Wohnhaus am Bahnhof. Trotz vieler Proteste aus der Bevölkerung kam es Ende 1996 aus Kostengründen zur Schließung dieser Traditionseinrichtung.

5

Kultur und Bildung

Erst 1896 bekam Tonndorf eine eigene Schule. Vorher mussten die Schüler zum Unterricht nach Hinschenfelde oder Rahlstedt gehen. Kirchlich gehörte Tonndorf zu Altrahlstedt. Nach dem Anschluss an Wandsbek, 1928, war es ein Teilbezirk der Kreuzkirche. 1950 wurde der Stadtteil eine selbstständige Kirchengemeinde. Die 1905 gegründete „Tonndorf-Loher Zeitung" stellte ihr Erscheinen schon 1907 wieder ein. Auch die beiden Kinos – „Filmtruhe" und „Treffpunkt" – gibt es schon lange nicht mehr. Viele Jahre lang galt die Öffentliche Bücherhalle als Tonndorfs kultureller Mittelpunkt, auch sie musste geschlossen werden. Veranstaltungen für Senioren bieten die Kirchengemeinden an.

Die alte Aufnahme zeigt das Tonndorfer Lehrerkollegium von 1911. Wilhelm Bube (Dritter von links) hat die Schule aufgebaut.

Auf einem Grundstück des Hufners Johann Niemeier wurde 1896 der erste Schulbau errichtet, der 1909 und 1911 Anbauten erhielt. Nach dem Krieg musste der Unterricht teilweise in drei Schichten mit Klassenstärken von über 50 Schülern erteilt werden. Unter diesem Druck entstand 1950 ein Neubautrakt für vier Klassen. In dem alten Gebäude befindet sich heute ein Kindertagesheim.

Eine weitere Verbesserung der schulischen Versorgung brachte der Bau eines modernen Klassenkreuzes auf der Krochmann'schen Hauskoppel am Rahlaukamp, das 1961 eingeweiht wurde. Später folgte noch der Bau einer Turnhalle.

Während der Neubau des Klassenkreuzes rechts schon fertig war, räumten 1969 schwere Fahrzeuge die Reste der 1903 erbauten Krochmann'schen Villa fort.

Der erste Schultag war schon immer etwas Besonderes. Hübsch gekleidet und stolz auf seine zwei Schultüten schaut dieses Mädchen 1932 in die Kamera.

Auf dem Luftbild von 1954 ist die an der Grenze zu Farmsen gebaute Schule „Sonnenweg" zu sehen, deren Pavillons für zehn Klassen ausgelegt waren. Das mehrstöckige Gebäude in der Mitte des Bildes ist das 1970 gründete Gymnasium „Tonndorf", das seither stetig erweitert wird. Diese Schulen liegen am Wandsegrünzug. Im Vordergrund sind die Mäanderbogen des Flusses gut zu sehen.

Die Verselbstständigung der Kirchengemeinde begann mit Gottesdiensten in der Schule und nach dem Krieg 1950 in der wieder aufgebauten Friedhofskapelle. 1954 wurde am Bahnhof die Kirche mit Gemeindehaus eingeweiht. Diese Entwicklung ist eng verbunden mit dem damaligen Pastor Fritz Dorau, der die Tonndorfer Gemeinde engagiert belebte. Der Entwurf für den oktogonalen Rundbau stammte von dem Jenfelder Architekten Richard Starck. 1962 errichtete man das Gemeindezentrum am Roterlenweg für die zweite Pfarrstelle der Kirchengemeinde Tonndorf.

Die Posaunenmusik wird von Anbeginn der Kirchengemeinde Tonndorf intensiv gepflegt. Hobbymusiker aus der Umgebung und auch das Pastorenehepaar Anja und Rüdiger Bethke, das die Gemeinde seit vielen Jahren betreut, blasen im Gottesdienst und zu anderen Anlässen in dem Chor mit. Edmund Erfurt, rechts im Bild zu sehen, war Initiator und langjähriger Leiter des Posaunenchores, der schon vor der Gründung der Gemeinde seine segensreiche Arbeit aufnahm.

Die Kirchengemeinde Emmaus Hinschenfelde wurde 1965 gegründet. Die eigenwilligen, an ein Nomadenzelt erinnernden Linien des Kirchenschiffes entwarfen die Architekten Gerhard und Dieter Langmaack. Der Name der Gemeinde verweist, obwohl im heutigen Stadtteil Tonndorf gelegen, auf den ehemaligen Bauernort Hinschenfelde. Der Kirchbau bildet, zusammen mit der 1965 neu gebauten Kapelle, den Zugang zum Hinschenfelder Friedhof.

Die katholische Kirche St. Agnes in der Jenfelder Allee, gegenüber dem Studio Hamburg, wurde 1966 eingeweiht. 1974 kam das ergänzende Gemeindezentrum dazu. Vor der Selbstständigkeit wurden die Gemeindeglieder von der St. Josephkirche am Wandsbeker Markt betreut.

Auf dem Grundstück „Die Ole Röth" des Bauern Martin Niemeier, das er für 18.000 Mark verkaufte, richtete Wandsbek seinen dritten Begräbnisplatz ein. Dieser Friedhof „Tonndorf" in der Ahrensburger Straße 188 wurde 1880 geweiht.

Die erste kleine Kapelle lag an der Straße. Als 1914 eine neue Kapelle entstand, die auf dem Bild im Hintergrund rechts zu sehen ist, nutzte die alte Kapelle ein Steinmetzbetrieb.

Die 1943 zerstörte Friedhofskapelle wurde nach dem Krieg in nahezu unveränderter Architektur wieder aufgebaut.

Das erste Haus der Friedhofsverwaltung erlitt im Krieg dasselbe Schicksal wie die Kapelle. Es wurde allerdings 1951 durch ein neues Gebäude ersetzt. Da dieses zu wenige Räumlichkeiten für die Verwaltung aller Wandsbeker Friedhöfe bot, kam es 1988 zu einem weiteren Neubau am selben Ort.

Auf dem im Jahr 1899 eingeweihten Hinschenfelder Friedhof in der Walddörfer Straße 367 stand diese aus Holz errichtete Kapelle. Ein Neubau ersetzte sie 1965.

Direkt an der Walddörfer Straße stand die Villa der Familie Bosse. Da sie im Friedhofsbereich stand, musste sie dem Gebäudeensemble Emmauskirche mit Gemeindehaus und Friedhofskapelle sowie einem neu gestalteten Vorplatz weichen.

6

Not- und Kriegszeiten

Tonndorf hatte keine strategisch wichtige Lage. Es hatte auch keine Befestigungsanlage aufzuweisen. Aber es lag an einer bedeutenden Straßenverbindung, die als Heerstraße genutzt wurde und das erwies sich als ein Nachteil. So litt die Bevölkerung des Bauernortes schon im 30-jährigen Krieg (1618 bis 1648) stark durch Brandschatzungen und Plünderungen vorbeiziehender Truppen. Fünf Regimenter des kaiserlichen Heeres lagerten auf den Feldern zwischen Tonndorf und Rahlstedt. Die Folge war die Verarmung der Bevölkerung. Ähnliches geschah in den Wirren der napoleonischen Kriege. An der Tonndorfer Hauptstraße in Höhe des „Schinkenkruges" fand 1813 ein Gefecht zwischen den Franzosen und den verbündeten Preußen und Russen statt. Mit einer aufwändigen Hundertjahrfeier gedachte man in Tonndorf 1913 dem Ende der Befreiungskriege. Ein Festzug mit bunt gekleideten und teils berittenen Personen, der sich auf der Tonndorfer Hauptstraße formierte, bewegte sich bis nach Altrahlstedt. Von diesem Ereignis sind Fotografien, sogar mit den Namen einiger Teilnehmer, erhalten geblieben.

Die Aufnahme zeigt den Beginn des ein Kilometer langen Festumzuges im Jahr 1913. Die Reiter trugen Uniformen der Kosaken und Lützower Jäger. Der Zug begann am Anfang der Tonndorfer Hauptstraße, die Reiter stehen ungefähr vor dem heutigen Textilhaus Schneider.

Auch in den Jahren nach dem Ersten und Zweiten Weltkrieg hatte die Bevölkerung in Tonndorf, wie in allen anderen Landesteilen, zu leiden. In der Schule ermöglichten amerikanische Quäker Schulspeisungen in den Jahren 1920 (Foto) und 1946. 1923 erhielten 130 Personen in einer Volksküche Nahrungsmittel und Brennmaterial.

1942 zerstörte eine der ersten Luftminen, die über Hamburg abgeworfen wurden, mehrere Einzelhäuser in der Tonndorfer Hauptstraße. Die Familie Püst, deren Haus in sich zusammenfiel, konnte sich unverletzt aus dem Luftschutzkeller durch die Trümmer ins Freie kämpfen.

1886 wurde an der Jenfelder Straße, direkt am Bahnübergang, der zweite Jüdische Friedhof Wandsbeks angelegt, weil die Begräbnisstelle an der Kattunbleiche belegt war. Er ist nicht mehr vollständig erhalten: Die Errichtung einer Lagerhalle während des „Dritten Reiches" zerstörte einen Teil des Friedhofes, der heute unter Denkmalschutz steht.

Auf dem Betriebsgelände der Drägerwerke in der Ahrensburger Straße 162 befand sich ein Außenlager des Konzentrationslagers Neuengamme. Das Foto zeigt eine der Häftlingsbaracken. Über 500 weibliche Gefangene mussten hier zwangsweise Gasmasken fertigen. Die Zwangsarbeiterinnen wurden im Mai 1945 von den Alliierten befreit.

Als in den Inflationsjahren von 1921 bis 1923 die Geldentwertung und der Mangel an Münzen den örtlichen Verwaltungen Schwierigkeiten machten, gab man eigenes Notgeld heraus. Das dauerte bis zur Herausgabe der Reichsmark 1923. Unter Kennern sind die Tonndorfer Notgeldscheine wegen ihrer auffälligen, bunten Gestaltung mit humorvollen figürlichen Darstellungen und ihrer hintergründigen Texte bekannt.

Die Notgeldscheine haben unterschiedliche Formate, tragen außer dem Geldwert den Ausgabetag und die Gültigkeitsdauer. Herausgeber war die Gemeinde Tonndorf-Lohe. Ihr Gemeindevorsteher Hermann Flotow hatte die Scheine unterzeichnet. Er wurde deshalb von der Reichsregierung wegen Münzvergehens angeklagt. Das Verfahren wurde bereits 1922 eingestellt, weil die Herstellung von Notgeld allgemein geworden war und man sehr viele Stadtväter hätte einsperren müssen.

Es gab Notgeld im Wert von 20 Pfennig bis 50 Milliarden Mark. Die Bilder zeigen u. a. heimatkundliche Darstellungen wie den Grenzstein zu Hohenhorst und den „Wandsefall" an der Lackmühle. Die begleitenden Texte sind Sprüche in Plattdeutsch:

Ahn Saat keen Oarn – Ahn Arbeit keen Pris!
De Tieden sind swoar – de Tieden sünd slecht, leggt all mit Hand an – denn ward wedder recht.
Spor di wat, denn hest du wat.
Nord und Süd – de Welt ist wit, Ost und West – to Hus is best.
De nich vergunnt – und nicht giff[t], de slag de Düwel un plag de Gicht!
De Tieden sünd slecht – dat Brot is heel dür, uns Geld is ut Blech – un ut luder Papier.
Bin Schlachter giff dat Speck un Wurst – all'ns ohne Koart, dat is ne Lust!

Sutton Verlag

BÜCHER AUS
IHRER REGION

Hamburg-Bramfeld
Ulrike Hoppe
ISBN: 978-3-89702-470-0
17,90 € [D]

Zeitsprünge. **Hamburg-Eilbek**
Karl-Heinz Meier
ISBN: 978-3-89702-855-5
17,90 € [D]

Hamburg-Hamm
Gunnar Wulf / Kerstin Rasmußen
ISBN: 978-3-89702-479-3
17,90 € [D]

Hamburg. Rundgänge durch die Geschichte
Gundula Niegot
ISBN: 978-3-89702-903-3
14,90 € [D]

Hamburg-Vierlande
Olaf Matthes
ISBN: 978-3-86680-213-1
17,90 € [D]

Hamburg-Wandsbek
Helmuth Fricke
ISBN: 978-3-89702-663-6
17,90 € [D]

SUTTON
VERLAG